# 변방목회

달동네 목사 40년 분투일지

김태복

평화나무

2023년 9월 26일 초판 발행

**지은이** 김태복  **펴낸이** 김용민  **펴낸곳** (사단법인) 평화나무
**주소** 서울 마포구 월드컵북로5가길 8-15 문화본부 1층  **전화** 02.6406.0507  **팩스** 02.336-4143
**홈페이지** www.logosian.com  **디자인** 플랫  **인쇄** 세종인쇄

이 책의 저작권은 저자에게 있으며 무단 전재와 복제는 법으로 금지되어 있습니다.
잘못된 책은 구입하신 곳에서 교환해 드립니다.

가격 20,000원
ISBN 979-11-979606-0-4 (03230)

변방목회

# 목차

책 머리에      8

1장. 큰아들 김용민 목사와의 대담      14

2장. 40년 목회 이야기

### 제1부 초년목회 여담
친구 따라 신학교 입학      79
퍼주는 사랑은 왜 실패하는가?      83
누가 새벽기도회 만들었어?      87
일당 1000원, 똥푸는 목사      90
눈물 흘리며 떠난 농촌교회      92

## 제2부 중년목회 여담

| | |
|---|---|
| 교회의 폭발적 성장, 그 이유는? | 95 |
| 교인이 진심을 몰라주면 | 99 |
| 산 기도는 영성 충전소 | 101 |
| 시체 닦는 목사 | 104 |
| 설교와 설사 사이 | 106 |
| 무당집 주인 감동시키다 | 107 |
| 48세에 갓난아기 아빠 되다 | 108 |
| 바로 담임목회 할 경우 문제점 | 111 |
| 목회자는 두 주 휴가 다녀와야 | 115 |
| 교회학교는 스타 양성소 | 118 |
| 무너진 공교육, 주일학교가 대안이다 | 120 |
| 장로는 많을수록 좋다 | 122 |
| 탈 없는 정치설교 하려면 | 126 |
| 교인 감동시키는 비법 | 128 |
| 교인 성질 고칠 수 있다 | 130 |

| | |
|---|---|
| 세상에 이상한 성격은 없다 | 132 |
| 나를 힘들게 한 교인 | 134 |
| 교회에서 왜 싸우나 | 137 |
| 갈등 조정 최고의 명약은? | 140 |
| 측근을 우군으로 만드는 법 | 143 |
| 종말론을 머릿속에서 지우자 | 145 |
| 목회 망치는 기복주의 | 148 |
| 불륜에 빠진 교인 | 153 |
| 죽 쑨 설교가 히트를 친 경험 | 155 |
| 책 읽는 목사여야 좋은 교인을 곁에 둔다 | 159 |

## 제3부 노년목회 여담

| | |
|---|---|
| 교회 망치는 원로목사 누구인가? | 164 |
| 은퇴 후 설교했더니 이게 빠졌다 | 172 |
| 찬란한 원로가 되고 싶다면 | 174 |
| 후임자 복 받은 홍익교회 | 177 |

  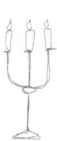

## 3장. 가족목회 이야기

| | |
|---|---|
| 못 배운 어머니, 가장 지혜로웠던 이유 | 184 |
| 가난한 자, 약한 자 편에 선 아내 | 187 |
| 큰아들(김용민) 이야기 | 192 |
| 막내아들(김용범) 이야기 | 197 |
| 딸과 사위(김지연, 오정환) 이야기 | 201 |
| 기적과도 같았던 인저리 타임 | 207 |
| 엄마의 갈릴리(김용민) | 215 |
| 엄마 잘 가요(김지연) | 224 |
| 홀로 사는 연습 | 240 |
| "님은 가고 없어도 잘도 피었네" | 243 |
| 삶과 죽음의 경계선에서 | 246 |

**에필로그** 결실 있는 인생의 길     250

책 머리에

이 책은 원래 팔순(2020년)에 출간하려고 했다. 그러나 그해 전 세계에 코로나 팬데믹이 뒤덮였다. 게다가 아내에게 암이 엄습했다. 1년 동안 간병인과 가정부, 운전기사 역할 등 아침부터 밤중까지 여념이 없었다. 아내는 올해 초 데려가듯 훌쩍 소천했다. 갑자기 모든 게 멈춰졌다. 감정 표현이 많았던 아내의 공백은 집을 적막하게 했다.

그때 자녀들이 이런 때엔 무엇에 집중해야 고비를 넘길 수 있다며 책을 쓰라고 권고했다. 그러나 아픔을 잊으려고 원고를 정리한다는 노릇이 오히려 아내와의 추억을 자극했다. 왜냐하면 40년 목회 대부분에 아내의 협력과 수고가 묻어있었기 때문이다. 어느 대목에 가서는 그리움에 마음이 울컥해지고는 했다.

1960년대 후반,
교육전도사 시절

은퇴 후에 회고담을 쓰다 보면 은연중 자기를 과시하거나 미화하려는 욕망에 발목이 잡힌다. 그런 글은 사람들이 좋아하지 않는다. 그래서 이번 책에는 목회 성공담과 아울러 실패담도 진솔하게 쓰려고 했다. 제1장에서는 큰아들 김용민 목사가 궁금한 점을 묻고 이에 내가 답하는 형식으로 일생을 회고했고, 제2장에서는 은퇴한 다음 해인 2008년에 개설했던 '소리'[cry.or.kr]에 틈틈이 게재했던 '목회 여담'의 원고 중심으로 제1부 초년 목회, 제2부 중년 목회, 제3부 노년 목회, 제3장에서는 가족 목회 이야기로 편성했다.

나의 목회 40년은 장로회신학대학교 1학년 때 모 교회인 기독교대한성결교회 춘천중앙교회에서 교회학교 교육전도사와 3개

월 개척교회(삼천리교회) 전도사로, 신학교 2학년 때부터 1975년까지 7년 동안 대한예수교장로회(통합) 가곡교회 교육전도사, 강도사, 담임목사로, 1975년부터 2007년 말까지 32년 동안 홍익교회에서 담임(위임)목사로 사역한 것을 말한다. 교육전도사 2년 외에는 부교역자로서 시행착오의 경험이 적어서인지 40년 동안 성공과 실패의 부침浮沈의 연속이었다. 어쨌든 고군분투의 기록물이라 할 수 있다.

처음 낸 책인 〈회칠한 무덤, 한국교회〉는 30대 초반, 초라한 사택 서재 창 너머 남양주 천마산을 바라보며 썼는데, 50년 후인 지금은 80대 초반 아파트 단지가 되어 있는 도시 뒤편 예봉산이 보이는 서재에서 도수 높은 안경으로 한 줄 한 줄 채워갔다. 40년 목회와 은퇴 후 16년을 대과 없이 보내고 이를 정리할 수 있는 것은 하나님 은혜이다.

이 책으로 은퇴한 목회자에게는 함께 고생해온 동시대의 동지로서 위로하고, 현직 목회자에게 앞선 길을 걸어간 선배로서 권면과 격려의 뜻을 나누며, 다른 믿음의 동지에게는 목회자의 세계를 이해할 안목을 드리고 싶다.

이 책이 나오도록 뜻 모아준 자녀에게 감사한다. 무딘 필치로 쓴 원고를 큰아들 김용민 목사가 젊은 감성과 현대적 언어를 가미하여 생동감이 넘치게 편집한 점에 치하한다. 특별히 감사할 지점은 이어달리기처럼 바통을 이어받아 홍익교회를 믿음의 반석 위에 세운 최영걸 목사님과 사랑하는 교우들에게 감사를 전하고 싶다. 이분들은 내 목회 인생의 결실이며 긍지이다.

2023년 9월, 김태복 목사

邊方牧會

── 제 1 장 ──

―――― 큰아들 김용민 목사와의 대담 ――――

대담자인 김용민은 아버지 김태복의 첫째 아들로,
현재 사단법인 평화나무 이사장,
한국기독교장로회(기장) 벙커1교회 담임목사를 맡고 있다.

**김용민** · 아버지가 태어나신 1941년 강원도 춘천에 대해 설명해 주세요. 일제강점기, 동아시아가 한몸이라는 구실로 빼앗긴 나라의 여러 물적 기반이 전쟁에 동원된 것은 소도시 춘천이라고 해서 다르지 않았을 것 같습니다.

**김태복** · 내가 1941년 3월에 출생했는데, 그 시기는 제국주의 일본이 태평양 전쟁을 일으킨 때였습니다. 그해 10월 도조 히데키東條英機 내각이 들어서고 12월 7일 진주만을 기습하여 태평양 전쟁이 시작되었습니다. 동아시아를 차례로 점령하던 일본에게 미국은 모든 물자 수출금지령을 내렸고, 미국에 있는 일본 회사들의 재산도 몰수하였습니다.

기름 한 방울 안 나는 일본에겐 최악의 상황이 된 것입니다.

김태복 목사가 32년 동안 담임목회한 홍익교회 옥상에서 본 마장동 일대.

당시 미국은 인도차이나 반도를 침략 중이던 일본 군대의 철수를 요구했지만, 일본은 굴복하지 않고 진주만 폭격을 감행했습니다. 일본의 야망은 동아시아에 있는 유럽 식민지를 강탈하여 태평양의 지배세력이 되려는 것이었습니다.

초반에는 일본이 기선을 잡았으나 미드웨이 해전을 기점으로 대세는 연합군 쪽으로 기울어갔습니다. 미국은 1945년 오키나와 섬을 점령한 데 이어, 도쿄에 대한 야간 공습을 시작으로 일본의 대도시들을 공습했습니다. 그리고 8월 6일 히로시마, 8월 9일 나가사키에 원자폭탄을 투하함으로써 일본 왕의 조건 없는 항복을 받아냈습니다.

패망 직전까지 일본은 태평양 전쟁에 온 힘을 기울이면서 우리나라에 대한 파쇼통치를 더욱 노골화했습니다. 한반도를 병영으로 만들더니 청년을 총알받이로 강제 연행하고 심지어 열두 살 소녀까지 위안부로 강제 납치하는가 하면 식량과 전쟁물자 갈취를 서슴지 않았습니다. 게다가 창씨개명, 신사참배, 요주의 인물 탄압과 살해, 언론 억압 등 한국을 일본에 정신적으로 예속시키려는 만행도 감행했습니다.

나는 그런 참담한 시대에 어린 시절을 보내면서 수시로 방공호에 들어가야만 했던 일 등으로 공포에 시달리기도 했습니다. 아버지가 도장 파고 농사짓는 평범한 서민에 불과했기에 일제의 직접적인 박해는 받지 않았으나, 나라 잃은 백성이라면 겪어야 했던 고난마저 피할 수는 없었습니다. 그러다가 1945년 8월 15일, 일본이 패망했지요. 그러나 해방 이후는 혼란스러웠고, 어쩌면 예정되어 있었을지 모를 분단을 거쳐, 만 아홉 살 나이에 6·25 전쟁을 맞았습니다. 어린 시절이었지만 그 참상은 일생 동안 내 삶에 무겁게 침잠되었습니다.

내가 태어나 자란 춘천은 전쟁 이후 동부전선의 중심도시가 되어 당시 육군 보충대와 기타 부대가 주변에 주둔했습니다. 심지어 도심 20만 평을 미2사단 헬리콥터 부대가 차지할 정도로 거의 군사도시가 되어 있었습니다. 이 때문에 국군과 미군 가리지 않고 몸을 파는 반나체 차림의 성매매 여성과 음란한 그림으로 가득한 잡지들이 청소년을 유혹했습니다. 그런 타락한 분위기를 피해 다니면서 교회에 열심히 다녔던 기억이 지금도 생생합니다.

**김용민** · 1941년생을 어떻게 분석하세요? 대표적인 인물로 이명박 전 대통령이 꼽히는데, 아버지 세대가 한국사회에 어떤 성과와 그늘을 만들었다고 보시는지요. 특히 이 세대에게 보편적으로 읽히는 의식이나 지향점이 있다면 무엇일까요?

**김태복** · 2016년 박근혜 정권 말기에는 70대가 온 나라를 흔들었습니다. 김기춘(1939년생), 김종인(1940년생), 한광옥(1942년생), 박지원(1942년생), 이원종(1942년생), 남재준(1944년생), 서청원(1943년생), 반기문(1944년생)이 정치의 주역이나 된 듯 활약했습니다. 또한 촛불집회에 맞서 태극기를 든 노인들도 거의 이 세대였습니다. 내 또래 올드 보이들이 노망 비슷한 행보를 보이면서 부끄러움을 느끼곤 했습니다. 내가 목회를 60대 중반에 그만둔 것은, 그 나이가 되면 판단력이 흐려진다는 것을 깨달았기 때문입니다.

나는 앞서 낸 책 〈한국교회 이대로 안 된다〉에서 1940년대에 태어난 우리 세대의 사명을 부강국가 건설이라고 했습니다. 4·19 혁명 이후의 혼란을 핑계로, 총칼로 권력을 찬탈한 5·16 군사정권이 국민에게 강제로 세뇌시킨 것은 '우리도 한번 잘 살아보자'라는 구호였습니다. 우리 세대는 이 선전문구 앞에 민주주의를 짓밟은 군부독재도 용서할 수 있었습니다. 너무나 배고팠기 때문입니다.

간악한 일제와 혼란한 해방정국에서 유년기를 보냈다면, 소년기에는 전쟁 전후 극심한 배고픔에 시달려야 했습니다. 안남미라고 들어봤습니까? 베트남 쌀인데, 찰기가 없어 맛이 형편없고 영양 면에서도 평판이 안 좋았어요. '이 쌀을 먹으면 사내는 몸이 가벼워져 바람 부는 날에는 날아간다'는 루머도 있었지요. 이 쌀이 전부였고, 어쩌다 운 좋은 경우에나 미군이 내다버린 '꿀꿀이죽'을 먹을 수 있었습니다. 게다가 덕지덕지 꿰맨 낡은 내의와 양말, 검정 고무신을 신고 자란 우리에게는 오직 하얀 쌀밥에 고깃국을 실컷 먹는 것이 소원의 전부였습니다.

그러한 우리에게 '우리도 한번 잘 살아보자'라는 구호는 삶을 지탱해주는 유일한 희망이었습니다. 그러한 꿈을 이루려고 우리 세대는 목숨 걸고 베트남 전쟁에 참전했고, 멸시를 견디며 독일에 가서 광부와 간호사로 일했고, 중동에 근로자로 파견돼 사막의 모래 섞인 밥을 먹으며 달러를 모았던 것입니다. 그렇게 피땀 흘려 쌓은 달러가 밑거름이 되어 한국경제의 성장 동력이 됐던 것이고요.

박정희 대통령은 그래서 우리에게 영웅이었습니다. 박 대통령을 통해 생존의 문제가 해결됐다고 믿었기 때문입니다. 어느 매체에선가 55명의 해방둥이를 대상으로 '제일 좋아하는 인물'을 조사했는데 압도적으로 박 대통령이 선정됐습니다. 이러다 보니 우리 세대의 신화적인 인물상도 박 대통령과 유사해야 했습니다. 그가 바로 나와 나이가 같은 이명박 씨였습니다.

이명박 씨는 현대 소유주 정주영 씨 가문과 피 한 방울 안 섞였음에도 30대 나이에 현대건설 사장이 돼 '샐러리맨의 우상'으로 이미지를 굳혔지요. 서울특별시장을 지내면서 청계천 복원과 버스 전용차선을 만든 불굴의 추진력은 다른 이들을 압도했고요. 그래서 우리 세대는 힘 모아 그를 대통령으로 만들었고, '제2의 박정희 신화'의 주인공이 되리라 믿었습니다. 그것이 애국이라고 생각했어요. 소망교회 장로이기도 한 그를 한국교회는 어떻게 했습니까? '장로 대통령'으로 미화하며 대대적인 여론몰이로 지원했습니다. 그러나 기대는 물거품이 됐습니다.

'경제대통령'을 자임했지만 성장률이 고작 3.2%로 앞선 민주당 김대중·노무현 정부의 실적에 못 미쳤고, 빈부격차와 계층 간 소득의 불균형 정도를 나타내는 지니계수는 역대 최고치를 기록했습니다. 더 나아가 주력 사업이었던 4대강 살리기 사업이 재정 허비, 생태 파괴, 각종 비리의 온상이 됐지요. 자원외교, 방위산업 비리 의혹은 아직 규명조차 되지 않았습니다. 아울러 실소유로 밝혀진 회사 다스가 자기 것이 아니라고 했다가 불거진 의혹, 즉 비자금 및 횡령 혐의로 수감까지 되는 추태를 보였습니다. 장로 대통령을 선출하자고 앞장서서 독려했던 한국교회 목회자의 한 사람으로서 국민과 교인 앞에 무한한 책임감을 느끼지 않을 수 없습니다.

\*

**김용민** · 1950년 한국전쟁 이야기가 아버지 인생에 큰 상흔으로 남았다고 하셨습니다. 특별히 기억에 남는 것이 있으십니까?

**김태복** · 6·25 한국전쟁이 터진 날은 주일이었습니다. 그때 나는 아홉 살 나이로 초등학교 3학년이었습니다. 새벽부터 춘천 북쪽에서 포성이 들리더니 동네사람들이 옹기종기 모여 전쟁 났다고 수군대고 있었습니다. 그럼에도 나는 대략 2km 떨어진 춘천중앙성결교회에 가서 주일학교 예배를 드리고 돌아왔습니다.

그런데 상황은 더욱 심각해지고 있었어요. 북쪽에서부터 포소리가 점점 더 커져 갔던 것이지요. 나는 안절부절 못했습니다. 당시 춘천은 38도선에서 30km 떨어진 곳에 있었습니다. 지금은 휴전선 아래 있는 화천군, 양구군, 인제군 모두 북한 땅이었어요. 한마디로 춘천은 최전방 도시였습니다.

이미 당일 오전부터 보따리를 진 피난민들이 춘천 남부 외곽에 있던 우리 동네를 지나기 시작했습니다. 그들이 전하는 소식은 엄청난 수의 인민군과 탱크가 몰려오고 있고 소양강을 사이에 두고 대전투가 벌어지고 있다는 것이었습니다. 우리 가족도 간단한 짐을 꾸리고 떠날 채비를 서둘렀습니다.

그러나 피난길에 올랐던 대부분의 사람들은 인민군의 남하 속도를 이기지 못했어요. 결국 포위당해서 꼼짝없이 돌아와야만 했습니다. 나와 동네친구들은 3개월 동안 북한이 점령한 학교에 다니면서 공산주의와 '김일성 장군' 노래를 배워야 했습니다. 인천상륙작전 이후 국군이 춘천을 수복했을 때는 잠시 평화가 온 듯했죠. 그러나 중공군이 개입해 다시 쫓기는 양상으로 전황이 반전됐습니다. 1·4 후퇴가 바로 그때였습니다.

추운 겨울 피난길에 올라야 했던 가족은 지금의 강촌과 홍천 팔봉산을 거쳐 원주 문막 취병국민학교에 설치된 수용소까지 수백 리 길을 걸었습니다. 열 살 된 내게 주어진 짐은 소금 석 되였습니다. 피난 가다 배고프면 개울가나 산기슭에 솥을 걸어 밥을 짓고, 주변 밭에서 얼어버린 푸성귀를 뜯어다가 국을 끓여 먹을 때, 조금씩 쓸 소금 말입니다.

원주 피난 수용소에도 천막학교가 있었습니다. 선생님조차 이 전쟁이 왜 발생했는지, 민주주의와 사회주의의 차이가 무엇인지 우리에게 설명하지 않았습니다. 강대국의 농간으로 민족끼리 총칼을 겨누고 살상하는 전쟁의 진실, 우리는 영문도 모른 채 이 지옥에 적응해야 했습니다. 어제까지 '형님, 아우' 하던 사이가 서로 죽이고 다치게 하고 고문하는 관계로 바뀌었으니, 감수성이 예민한 우리 세대에게 전쟁의 상처는 일생을 지배하고도 남음이 있었습니다.

그래서 그 상처를 문학으로 출구 삼은 문학가들이 우리 세대에서 많이 배출되었습니다. 김승옥(1941년생), 조정래(1943년생), 황석영(1943년생), 이청준(1939년생), 김주영(1929년생), 최인호(1945년생), 이문열(1946년생), 김훈(1948년생)이 그러했습니다.

\*

**김용민** · 아버지가 기독교 신앙을 가지게 되신 계기는 무엇인지요?

**김태복** · 나는 모태신앙이기 때문에 어릴 때부터 어머니를 따라 교회에 다녔습니다. 어머니 일생은 요컨대 '오직 신앙'입니다. 아버지가 고집이 대단한 분이셨는데 어머니의 신앙만은 꺾지 못했습니다. 아버지는 도장포를 운영하면서 모은 돈으로 집 주변의 논밭을 사들이고 틈틈이 농사를 지었습니다.

그러던 중 한번은 품앗이를 하려고 동네사람들과 논에 모 심는 순서를 정했는데, 하필이면 우리 집 순번이 주일로 정해졌습니다. 교회에 나가야 한다며 어머니가 펄펄 뛰며 반대했는데, 아버지의 고집도 완강했습니다. 그러자 어머니는 동네사람들을 찾아다니면서 설득해 결국 다른 날로 바꾸게 되었어요. 자존심이 상한 아버지는 어머니의 신앙을 고까워했습니다. 어느 날은 만취해 들어와 어머니와 우리 자녀들을 향해 밤늦게까지 술주정을 하기도 했습니다. 그러나 어머니는 굽히지 않았습니다. 오히려 훗날 아버지를 교회에 인도해 장로까지 만들었습니다. 어머니는 매일같이 가정예배를 하면서 다른 식구 모두 참석하도록 강권했습니다. 당신 스스로는 날마다 5리 길을 걸어 새벽기도를 다녔습니다.

국민학교조차 갈 형편이 못 돼 문맹으로 살아온 어머니는 신앙을 가진 뒤에 성경을 읽기 위한 목적으로 글을 익혔습니다. 어머니는 우리 6남매에게 단 한번도 '공부하라'고 말한 바 없습니다. 그러나 주일예배와 가정예배에 참석하라는 말은 귀에 못이 박힐 정도로 했습니다. 만약 주일에 교회 가지 않으면 얼마나 혼쭐을 내는지, 그런 어머니 때문에라도 빠질 수 없었습니다. 그렇게 먼 길임에도 주일이면 비가 오나 눈이 오나 열심히 출석하다 보니 교회 어른들로부터 칭찬도 많이 받았습니다. 그래서 가는 발길이 무겁지 않았습니다.

국민학교 때부터 그림 실력을 인정받아 중학생 시절엔 성탄 전야 교회학교 주최 행사 중 연극의 배경 그림을 그리기도 했습니다. 지금 생각나는 것은, '탕자의 비유'를 주제로 한 연극에서 탕자가 돼지우리 옆에서 고통스럽게 배고파하는 모습을 그린 그림입니다. 그림을 잘 그린다는 이유만으로 그렇게 해서 중2 때 주보 제작을 맡았습니다.

지금이야 컴퓨터로 수월하게 제작할 수 있지만, 당시 주보를 만들기 위해서는 줄판(가리방)에 기름 원지原紙를 놓고 철필로

춘천고등학교 3학년,
강원도 속초해수욕장

글씨를 써서 잉크에 묻혀 등사했어요. 한 장 한 장 인쇄해야 했고, 부수는 300장이었습니다. 돕는 친구가 있을 때는 다소 수월했지만, 맡은 친구가 다른 일로 빠질 때면 혼자 감당해야 했지요. 힘들어 울고 싶을 때가 한두 번이 아니었습니다. 나를 더욱 힘들게 했던 것은 노인 목사님이었습니다. 주보를 만들려면 먼저 목사님께 예배 순서 초안을 받아야 하는데, 어느 때는 다른 이와 장기를 두면서 나에게 기다리라고 합니다. 어느 때는 30분, 또 어느 때는 1시간을 기다리기도 했습니다. 빨리 만들고 집에 가 점심식사를 해야 하는데 배고픔을 참고 무작정 기다리다 보면 속에 분노가 치밀기도 했습니다.

당시에는 중고등학생들이 어른들과 함께 예배를 드렸는데 노인 목사님 설교는 듣기 힘들었습니다. 특히 준비 안 된 설교가 많았습니다. 지금도 귀에 남는 것은 삼국지와 항우, 유방 이야기뿐입니다. 그래서 설교 시간 내내 딴 생각을 하거나 주보에 낙서를 하고는 했습니다.

물론 신앙에 회의가 몰려오고, 어머니의 강권적인 태도에도 거부감도 생겼지요. 그럼에도 주일이면 교회에 나가 주일학교 교사, 찬양대, 학생회 활동을 했습니다. 어른들로부터 장래 '목사감'이라는 소리를 들었지요. 신앙적 회의감은 여전한데 삶은 그 굴레에 머물러 있으니, 자책감이 들기도 했습니다.

그러던 중 가정형편 탓에 춘천고등학교 주간부 입학이 불가해지고, 인생역전의 기회로 삼으려 했던 육군사관학교 입학마저 좌절되었습니다. 이후 군에 입대해 최전방에서 모진 고생도 하고, 형의 돌연한 죽음도 겪었습니다. 이러한 연속된 고난은 내게 신앙의 눈을 뜨이게 하고 목회자의 길로 가게 하려는 하나님의 인도하심이 아니었나 생각합니다.

*

**김용민** · 아버지 시대에 '기독교 신앙'이란 어떤 의미였습니까? 절망적 시대 환경에서 이를 구원해줄 돌파구였는지 궁금합니다.

**김태복** · 해방 후 혼란 상황과 전쟁의 참상을 겪으면서 모든 사람은 절망에 빠져 있었습니다. 그래서 당시 거의 모든 교회 설교자는 '별 볼 일 없는 현실을 잊고 내세來世에 소망을 가지라'고 강조했습니다. '이 세상은 나그네 길에 불과하고 천국 가는 길만이 유일한 소망'이라고 가르쳤고 그러므로 '구원받기 위해서는 죄를 회개하고 세상 욕심을 버려야 한다'라고 입버릇처럼 이야기했습니다.

당시 한창 인기를 모으던 부흥사가 이성봉 목사님이었는데, "세상만사 살피니 참 헛되구나, 부귀공명 장수는 무엇하리요, 고대광실 높은 집 문전옥답도 우리 한번 죽으면 일장의 춘몽"이라고 부르는 '허사가'를 퍼트린 분입니다. 세상살이에 지친 사람들은 위로받기 위해 교회를 찾았습니다. 그러나 1960년대 후반부터 산업화가 일어나면서 강단의 메시지가 달라졌습니다. 현세의 축복을 더 강조하게 된 것입니다. 로버트 해럴드 슐러Robert Harold

Schuller 등의 번영신학이 절망의 땅 한반도를 잠식한 것입니다.

이때부터 은혜와 복을 추구하는 이들로 교회와 기도원이 차고 넘칩니다. 물론, 성경은 우리에게 하나님을 신실하게 믿으면 복이 있다고 약속합니다. 그래서 하나님을 믿어 복과 은혜를 받는 것은 당연합니다. 문제는 약속된 현세 축복의 출발점이 기복주의라는 점입니다. 은혜와 복이 임하는 신앙은 나 중심이 아닌 하나님 중심으로 바뀔 때 가능합니다. 그런데 기복주의는 하나님을 통해 복 받으려 할 뿐 인간이 주도권을 포기하지 않는 것이지요. 그렇게 너나없이 '우리도 한번 잘 살아보세'라고 열광적으로 합창하며 부자가 되려고 했습니다.

한국형 번영주의 신학을 무르익게 한 분은 조용기 목사입니다. 그는 요한3서 1장 2절 "사랑하는 자여 ❶ 네 영혼이 잘됨 같이(구원) ❷ 네가 범사에 잘되고(물질 축복) ❸ 강건하기를(건강) 내가 간구하노라"를 중심으로 한 3중 축복을 강조했습니다. 실패와 가난, 병고에서 탈출하기를 목말라 하던 서민에게는 가슴 적시는 복음이 아닐 수 없었습니다. 그러므로 70~80년대 당시에는 금식하고 철야하며 복을 간구하기 시작했습니다. 저달러, 저금리, 저유가 등 3저 현상을 만난 한국사회는 1980년대 후반부터 엄청난 번영을 누리게 되었습니다.

그러나 복 받음만을 부추기고 나눔을 도외시한 결과, 한국교회는 병들고 맙니다. 하나님으로부터 받은 만큼 나눔의 크기도 비례해야 하는 것이 성숙한 그리스도인의 자세입니다. 겉으로는 엄청나게 부흥, 성장했지만 실상은 열매 없는 무화과나무 꼴이 되어온 한국교회는 흡사 몸집만 컸지 골다공증과 비만에 시달리는 성인병 환자에 비유할 수 있습니다. 더 한심한 것은, 한국교회는 검은 수단으로 떼돈을 모았거나 불로소득으로 졸부가 된 사람조차 '축복받은 성도'로 치켜세우고, 반대로 가난하고 병든 교인을 '축복받지 못한 성도'로 취급하는 기막힌 풍속도를 그려왔다는 점입니다. 이 모든 폐단을 한국사회가 알아버렸습니다. 그 뒤 교회는 기피 정도가 아니라 혐오의 대상이 됐습니다.

\*

**김용민** · 춘천고등학교 야간부에 들어가셨습니다. 하교하는 주간부 여학생에게 보이기 싫어 경춘선 철로로 우회해 등교하신 것으로 압니다. 그 와중에 시장에서 좌판장사를 하셨는데, 끝내 소질이 없어 접게 되셨다고 들었고요. 그 과정도 설명해주세요.

**김태복** · 나는 6남매 중 둘째였습니다. 장남이자, 세 살 위인 형은 춘천사범학교(현 춘천교육대학교, 당시 2년제)를 졸업하고 교사가 돼 우리 가정의 큰 기둥 역할을 하고 있었습니다. 그런데 1년도 못 돼 난데없이 (4년제) 대학에 진학하겠다고 하는 것입니다. 형의 고집은 대단해서 아버지, 어머니 누구도 말릴 수 없었습니다. 자연스럽게 나는 희생양이 돼 야간부 고등학교에 들어가게 되었습니다.

야간부를 다니면서 가장 힘들었던 일은, 귀가하는 시간에 친구들과 마주치는 것이었습니다. 너무나 창피했던 것입니다. 당시 야간부는 성적이 안 좋은 학생이 다녔습니다. 그래서 주간부 친구들을 피해 남춘천역에서 춘천역으로 가는 철길을 따라 춘천고등학교로 등교했습니다. 당시는 전기상태가 안 좋아 수업 중 자주 정전이 발생했고 그래서 돌아온 적도 많았습니다.

 부모님은 내가 앞으로 농·상업 분야로 나가는 것이 좋겠다고 생각했는지, 아버지의 도장포 가게 앞에 좌판을 차리고 낮에 장사하게 시켰습니다. 어릴 때부터 군소리 없이 집에서 기르던 소의 꼴을 베어 오고 겨울이면 10리 길을 마다않고 나무를 구해오기도 하며, 아버지를 도와 농사를 거들었기 때문에 집안경제를 책임지기로는 제가 적격이라 생각했던 것 같습니다.

 좌판에는 양말이나 비누 등 일용품과 잡지 등을 놓았는데, 장사는 3개월 만에 끝났습니다. 손해만 났기 때문입니다. 부끄러움이 많아 고개 푹 숙이던 사춘기 소년에게 노점상은 실로 무리한 일이었습니다. 지나가는 아무나 값나가는 것들을 집어가서 매대가 텅텅 비기 일쑤였으니까요. 만약 그때 내가 장사에 수완을 보여 수입을 올렸더라면 인생의 판도는 달라졌을 것입니다.

 결국 형은 대학진학을 포기했습니다. 그래서 나는 야간부 1년 생활을 끝내고 주간부로 편입할 수 있었습니다. 그러나 야간부에서 수학, 과학 과목의 기초를 제대로 못 배운 탓에 2년 뒤 육군사관학교 입시에서 떨어지고 말았습니다. 가난을 원망할 수

1967년 2월, 강원대학교
(당시 춘천농과대학) 졸업식

밖에요. 그러나 이것은 훗날 목사가 돼 어려운 교인의 형편을 헤아리는 공감능력을 키우는 데 큰 도움이 됐습니다. 실패와 좌절 속에 하나님의 원대한 뜻이 있음을 고백하게 됩니다.

*

**김용민** · 춘천농과대학(현 강원대)에 입학하셨습니다. 당시 도서관의 모든 책을 다 읽어보겠다고 결심하셨다고 들었는데, 그 이유는 무엇이었습니까?

**김태복** · 나는 대학에 입학할 때 학교가 소장所藏하는 교양서적은 모두 독파하겠다고 결심했습니다. 그것은 어느 의미에서는 지방대학에 다닌다는 열등의식을 지우기 위한 '나와의 싸움'이었습니다. 입학식을 마치자마자 나는 곧장 도서관으로 가서 열람

카드를 뒤적이며 독서 계획을 세웠고 그 다음날부터 알든 모르든 책을 펼치기 시작했습니다.

두껍고 난해한 책을 제대로 소화하지 못하는 것은 큰 문제가 아니었습니다. '모든 책 독파'라는 목표를 하나씩 달성하고 있다는 성취감만으로 책을 붙들었습니다. 심지어 전공인 농학 수업 중에도 강의실 뒷좌석에 앉아서 다른 책을 읽기 일쑤였습니다. 이런 것을 남독濫讀, 책의 내용이나 수준 따위를 가리지 아니하고 아무 책이나 닥치는 대로 마구 읽음이라고 하는데, 어느 시점에서는 즐기는 단계에 이르렀습니다.

칸트나 헤겔의 책들을 붙들고 낑낑댔지만 이러는 내가 꽤나 대견스러웠습니다. 그러나 많은 책들을 읽고 난 후에 남은 자아는 '산만한 의식구조를 가진 아웃사이더'였습니다. 진리를 추구하는 구도자의 진지한 태도와는 무관했던 것입니다.

*

**김용민** · 학보병으로 입대하셨는데요. 이 시기에 어떤 교훈을 얻으셨습니까?

**김태복** · 학보병제도는 대학생을 위한 것이었습니다. 다른 사람은 3년이지만, 대학생이면 1년 반 만에 제대할 수 있게 했거든요. 대신 자대는 최전방이었습니다. (내가 제대할 무렵인 1963년 학보병은 학군사관ROTC 장교제도로 대체됐습니다.)

군에 가기 전까지 나는 집과 학교, 교회 외에는 다른 곳에 가본

적이 없었어요. 그러다가 부당한 명령과 거친 욕설, 허다한 음담패설이 난무하는 집단 속에 던져진 것이지요. 그러니까 전쟁 끝나고 10년도 안 된 시점, 군대는 전쟁의 하수구였습니다. 병사들의 언어는 추잡한 섹스 이야기가 아니면 대화가 불가능했습니다.

압권은 사실인지 허위인지 알 수 없는 부대 주둔 마을 여성에 대한 성폭행 '무용담'이었습니다. 완전한 날조라고 보기 어려운 부분은, 이들이 부대 주변 밭이나 닭장을 뒤적이며 점령군처럼 곡물과 가축을 훔쳐 먹고도 아무런 가책을 느끼지 않았다는 점 때문이었습니다. 본능에만 충실한 짐승이 이 모습일 것입니다. 추악한 인간의 저열한 본능이란 무엇인가, 순간순간 혐오감에 치를 떨고는 했습니다. 경건한 신앙 속에서만 성장해온 나는, 그들의 경우와 상식이 없는 기고만장한 난행亂行 속에서 짓밟혔고, 철조망에 갇혀 고참들에 의해 인간 이하의 대우를 받았습니다.

이 가운데서도 하나님은 교훈을 주셨습니다. 무엇보다도 민족 분단의 아픔에 눈을 뜨게 했습니다. 논산훈련소를 나와 처음 배치된 곳은 북한의 선전·선동 방송이 쩌렁쩌렁하게 들리는 임진강 최전선 부대였습니다. 붉은 노을이 지는 임진강은 흡사 핏물이었습니다. 미·소·중·일 4대 강대국 틈바구니에서 끝없이 고통받아온 민족, 전쟁의 참화에서 죽어간 민초들, 그들의 피였습니다. 그렇게 분단된 조국을 피부로 느끼며 분노로 써내려간 산문시는 최초의 습작習作이 되었습니다. 나는 제대하면서 낙서하듯 이 글을 기념으로 남겨 놓았습니다.

"길고 긴 산 계곡을 따라, 혹은 높고 높은 곳의 능선을 따라 행군하면서, 혹은 먼지가 가득한 군용트럭의 바닥에 총을 움켜쥔 채 주저앉아 병사는 전쟁을 배워가고 인생의 밑바닥을 느끼고 인간의 본능을 들여다보며 세상에 대한 증오에 구역질로 토한다. 전쟁 찌꺼기, 살인 연습, 고향, 개새끼. 그 속에서 나는 배낭을 메고 뛰었고, 비상에 긴장했고, 회식 시간에 병사들이 부르는 '오늘도 걷는다마는'이라는 유행가 가락에 젖어 들고 융통성 없이 들볶아대는 햇내기 소위 새끼들에게 증오를 보내곤 했다.

산과 숲과 강을 지나가는 행군. 그것은 기동훈련이었고 전쟁 연습이었다. 들을 가로질러가고, 또 산을 돌아가는 끝없는 고독의 길, 비는 끝없이 쏟아지고 어깨에 멘 60mm 박격포 포판이 주는 아픔에서 십자가를 배운다. 전방의 살인적인 추위 속에서 산짐승처럼 웅크리고 겨울을 지나노라면 삶과 죽음의 의미들, 전쟁의 아픔들, 고독에 찬 눈물이 가슴 깊은 곳에 고이는 것을 절감한다.

나는 거기에서 드디어 역사에 눈이 뜨임을 발견했다. 역사의 하수구에서 허우적거리던 군상들, 절규들, 그 통한들, 그 잔인한 미소들에 대해 어렴풋이나마 눈뜨고 있었다. 전쟁은 모든 것을 무시했다. 잘 가꾸던 정원도, 수천 년 보존해온 국보도, 인류에 공헌했던 성자도, 죽음을 불사하고 파낸 진리도 전쟁의 캐터필러는 잔인하게 짓밟고 찬연한 문화의 의상을 벗기고 백인, 흑인, 황인종이 돌아가며 여인들을 연쇄 성폭행하고 기어이 목 졸라 살해한 그 붉은 의미를. 그것은 카인의 후예들이었다.

붉은 완장을 차고 죽창을 들고 저 양민을 수없이 찔러대고야 직성이 풀리는 저주로 뒤엉킨 검붉은 분노는 카인의 뿌리에서 연유된 원죄라는 것을, 나는 몇 달간 임진강 변의 초소에서, 초겨울의 기동훈련에서, 얼음을 깨고 이가 득실거리는 군복을 빨면서, 황토 위에서 끝없이 포복을 하면서, 사격장의 참호 속에서 타깃을 들고 앉아서, 어렴풋이나마 깨닫기 시작했다. 그리고 강대국 틈바구니에서 분단된 채 광대짓 하는 초라한 조국의 모습을 나는 산하를 군용차에 짐짝처럼 실려 오가면서 눈이 뜨이기 시작한 것이다."

*

**김용민** · 당시 대통령과 군인 출신이 사회 최고위 엘리트층인 점을 감안해 보면 한국사회의 군의 위상을 실감하셨으리라 생각합니다. 당시 청년 대학생에게 박정희는 어떤 존재였습니까?

**김태복** · 사실, 대학 1학년 무렵까지 나는 정치에 대해 거의 문맹 수준이었습니다. 도서관에서 열심히 인문학 도서를 읽었지만, 사상적으로 영향을 주는 교수나 선배가 없었습니다. 그러다가 서점에서 함석헌 선생의 '성서적 입장에서 본 조선역사'('뜻으로 본 한국역사')를 구입해 읽기 시작했습니다. 그리고 오늘의 정치 현실, 4·19 혁명과 5·16 군사쿠데타의 진실과 마주하게 됐습니다.

함 선생 책을 독파한 후에 '사상계'도 읽기 시작했습니다. 함 선생 외에 김성식, 홍이섭, 유달영, 김형석, 백락준, 안병욱 등의

1979년, 서해안 심방

지식인들도 만나게 됐습니다. 나는 그들이 떠먹이는 대로 걸신들린 것처럼 사상의 음료들을 들이켰습니다. 그렇게 역사에 눈을 뜨고 조국에 대한 아픔을 마음에 품게 되자 남강 이승훈, 고당 조만식, 도산 안창호, 월남 이상재, 김교신 선생이라는 또 다른 스승도 내게 다가와 주었습니다. 하나님과 조국, 이웃을 향해 사심 없이 헌신하는 그들의 의기와 관용, 담대함, 희생 앞에 나는 무릎을 꿇게 됐습니다.

사실 나는 박정희를 위시한 젊은 군인들, 특히 미국 웨스트포인트에서 직수입한 엘리트 교육을 받은 육사 출신들이 시도하는 국가 개혁에 은근히 기대를 걸었습니다. 그러다 민족의 스승들이 폭로하는 군사정권의 검은 정체를 알게 되었습니다. 대학마다 거대한 저항의 물결이 일기 시작했을 때, 나는 춘천농과대학생의 일원으로 데모에 동참했습니다.

그러나 정치는 실체가 있어야 하고 대안이 필수입니다. 정치인 김대중 신민당 의원이 딱 그러했습니다. 그의 연설 한마디 한마디가 혀끝을 떠날 때마다 청중석에서는 흥분한 함성으로 되돌아왔습니다. 나를 포함한 젊은이들과 의식 있는 국민은 '김대중 대통령'을 간절히 원했습니다. 그러나 1971년 대선 승자는 40만 표 차로 이긴 박정희이었습니다. '습자지 두께만큼 좁혀진 반대 민심'에 놀란 박정희 대통령은 1972년 유신헌법을 쿠데타하듯 밀어붙였습니다. 줄곧 숨겨왔던 영구 집권의 발톱을 드러낸 것입니다. 유신정권의 폭압 정치는 극에 달했는데 '긴급조치'라는 이름으로 모든 기본권이 말살당하는 현실은 참혹했습니다. 1979년 부하가 쏜 총에 박정희 권력이 무너지지 않았다면 7년의 민주주의 암흑기는 더 연장됐을 것입니다.

*

**김용민** · 대학 졸업 후 농협에 지원하신 것으로 압니다. 육사도 그렇지만, 농협은 아버지가 청년일 때 어떤 의미를 지녔는지요?

**김태복** · 박정희 집권 이후 육사 진학은 인생역전과도 같았습니다. 출셋길이 보장됐기 때문이지요. 그러나 정상적 고교 수업을 받지 못한 탓에 육사 도전은 그저 시도에 그치고 말았어요.

딴에 자존심이 상했지만, 후에 춘천농과대학 시험을 치렀지요. 용케 장학생으로 합격해 위로를 받았습니다. 하지만 대학 내내 전공과목은 학점 따는 정도로만 공부하고 정작 열을 올린 것은 습작이었습니다. 그래서 〈새생명〉이라는 크리스천 잡지로 등단하고, 경북대 학보에선 입선했습니다. 소설가로서의 꿈이 무르익게 된 것입니다. 군에 있을 때 학보병 고참이었던 소설가 김성일 씨(당시 서울공대생)를 만난 것도 많은 도움이 됐습니다. 다만, 지금도 국문과나 문예창작과에 입학해서 제대로 문학 수업을 받거나 소설가에게 제대로 지도받았더라면 하는 아쉬움이 아픔처럼 남아 있습니다.

졸업 후 농협에 입사하려 했던 것은 먹고 살기 위한 방편에 불과했습니다. 당시 농과대학 졸업생들이 가장 많이 지원한 곳이 농협이었습니다만, 어렵게 그 직장에 들어갔어도 마음은 소설을 쓰는 데 몰입했을 것입니다.

\*

**김용민** · 형님(고 김태순 님)이 젊은 나이에 숨지셨습니다. 형님은 어떤 분이었는지요?

**김태복** · 1966년 3월 20일, 내가 대학 4학년 때, 서울 당중초등학교에서 교사로 재직하던 형이 하숙집에서 연탄가스로 숨졌습니다. 그 비보는 우리 가정에 큰 풍랑으로 다가왔습니다. 앞서 언급한 대로 형은 우리 가정의 기둥이었고 자랑이었습니다. 춘천사범학교를 졸업한 형은 음악에 뛰어난 재능을 가지고 있었습니다. 교회에서는 내내 반주자로 활약했고 KBS 춘천방송국에

형 김태순 선생의 소천을 다룬 신문 기사
(조선일보 1966년 3월 22일자 8면)

서는 어린이합창단 지휘자로 활약했습니다.

또한 어린이 노래를 많이 만들어 강원도에서는 꽤나 이름을 날렸습니다. 그러다가 서울 교사로 전임하면서 그곳에서도 음악 활동을 넓혀가기 시작하던 때였는데, 29살 나이에 그 꿈이 꺾이고 말았습니다. 게다가 그날은 약혼자와 서울영락교회에서 만나 함께 예배드리기로 한 날이어서 더 마음이 아팠습니다. 아버지와 작은 아버지 그리고 나는 그 하숙집을 찾아가 시신을 수습해야 했습니다. 내 평생 그래본 적이 있을까 싶을 정도로 많이 울었습니다.

*

**김용민** · 목사가 된다고 했을 때 형님이 핀잔하신 것으로 압니다. 왜 그랬습니까?

**김태복** · 장로회신학대학(장신대)에 재학 중인 친구가 나에게 입학을 권유했지요. 형에게 넌지시 그래도 되는지 물어봤는데 핀잔만 들었어요. 자존심 강한 형은, 동생이 당시로선 초라했던 목사라는 직업을 갖는 게 마땅치 않았던 것 같아요. 화려한 소설가의 길이라면 환영했을지 모릅니다만.

형이 살아 있었다면 신학교 진학은 정말 어려웠을지 모릅니다. 내가 목사가 되기를 원하고 기도했던 어머니는 후에 이 사실을 알고 '하나님이 걸림돌 역할을 하는 형을 먼저 데려가신 게 아닐까' 하는 말을 한 적이 있습니다. 물론 그렇게 하나님의 뜻을 인간 마음대로 추단하는 것은 위험합니다.

*

**김용민** · 형님 죽음이 집안을 크게 흔들었던 것으로 압니다. 술 좋아하던 아버지가 단호히 끊고 기독교에 귀의하게 된 계기가 됐고요. 당시 집안 분위기를 말씀해 주세요.

**김태복** · 아버지는 매사에 반듯했습니다. 이웃에게는 계산이 정확했고 친지가 어려운 사정에 빠지면 아낌없이 내주던 분이었습니다. 즉 덕망이 높았습니다. 그분의 거의 유일한 인생의 보람은 도장포에서 성실히 모은 돈으로 땅을 한 평 한 평 넓혀가는 것이었습니다.

아버지는 도장포 근처 친구들과 가끔씩 술로 여흥을 즐기는 것을 낙으로 삼았습니다. 음주가 흔치 않던 아버지는 술을 마시면 몇 분 후 큰 소리의 노래를 토해냈습니다. 귀갓길인 경춘선 온의 건널목은 집에서 500여 미터 떨어진 곳인데, 아버지의 심야 노래 소리는 거기서부터 들려왔습니다. 그런 아버지가 술을 끊게 된

결정적인 계기가 있었습니다. 아버지는 농사일이 많았는데 어머니가 교회에 나가는 것을 무척 못마땅해했습니다. 어느 해인가는 성탄절에 기르던 돼지가 죽자 교회 탓을 하며 크게 화를 냈고 성경책을 아궁이에 집어넣기도 했습니다. 어머니는 그런 남편이 예수를 믿도록 기도했습니다. 아버지는 바뀌지 않았습니다.

그러다가 가정의 유일한 희망이던 형이 싸늘한 시신으로 변한 채 눈앞에 나타나자 아버지는 "이제 나는 어떻게 사느냐"라며 절망했습니다. 심적 고통에 짓눌리던 아버지는 끝내 종교를 갖기로 결심합니다. 그리고 뒤늦게 온 가족과 함께 교회에 나가지요. 2년 뒤 세례교인이 되고 집사직을 받으신 후에는 술, 담배는 물론, 제사 때 절하지 않는 등 단호함을 드러내셨습니다. 새벽기도회에 어머니가 빠지는 일은 있어도 아버지는 그런 법이 없었습니다. 후에 장로직을 맡으신 후에는 담임목사 목회에 가장 큰 조력자가 됐습니다.

*

**김용민** · 목회자의 길을 걷기로 결정하게 된 경과도 알려주세요.

**김태복** · 중고등학교까지 집과 학교와 교회만 알았던 나는 교회에서 '목사감'이라 불릴 정도로 모범적으로 살았습니다. 그러다 군에 가서 각종 욕지거리와 음담패설, 기고만장한 난행을 목격했을 때 큰 충격을 받았고요.

제대 후 나는, 교사였던 형의 소개로 춘천 시내 육림극장 주인

집 자녀의 가정교사를 맡았습니다. 이는 큰 혜택이었습니다. 사흘마다 공짜로 새 영화를 관람할 수 있었거든요. 그러나 영화 속에 등장하는 폭력과 음란, 술수와 배신이 나의 신앙 세계에 무단으로 침투했고 심령을 어둡고 붉게 만들었습니다. 교회에서는 모범적인 신자였지만, 교회 밖에서는 추잡한 생각에 끝없이 젖었습니다. 어지러운 밤을 헤매는 위선자의 문턱까지 가곤 했습니다. 이 와중에 형님이 돌아가셨습니다. 깊고 깊은 회의의 절벽에서 죽음의 망령이 나마저 어둑한 골짜기를 응시하게 하며, 죽음 너머의 세계로 이끄는 듯했습니다.

결국 나는 장신대에 들어가게 되었습니다. 학교 채플과 침침한 기숙사방, 도서관, 신학교 뒤편 숲을 헤매며 어두운 사색을 했습니다. 때론 항변이 담긴 기도를 했습니다. 그러던 어느 날 나는 바울이 다메섹 가는 길에 예수를 만났던 것처럼, 어느 순간 나를 부르는 하늘의 음성을 들었습니다. 나는 떨며 나를 부르신 분께 모든 생을 드리기로 약속했습니다. 그것은 전혀 다른 차원에서의 기쁨이었습니다.

\*

**김용민** · 왜 모교회인 춘천중앙성결교회가 속한 기독교대한성결교회의 서울신학대학이 아니라 대한예수교장로회 통합의 장신대에 입학하셨습니까?

**김태복** · 담임목사님도 서울신학대학에 입학할 것을 권했지만,

1970년 2월 26일. 영락교회.
장로회신학대학교 신학대학원 졸업.

나보다 앞서 장신대에 입학한 친구가 "보다 큰 교단 신학교에 입학하는 것이 좋다"라며 원서를 들고 왔습니다. 당시만 해도 통합은 신학적으로 건강하다는 점에서 신뢰도가 높았던 교파였습니다. 지금도 이 교단에서 장기 목회한 것을 잘했다고 생각합니다.

*

**김용민** · 통합은 1959년 합동과 갈라서면서 장로교의 양대 교파를 형성했습니다. 양 교단의 분열을 어떻게 평가하시나요?

**김태복** · 처음에 장로회신학대학에 입학해서 알게 된 것은 1959년에 장로교단이 통합과 합동으로 쪼개졌다는 사실입니다. 나는 '아니 합동은 무엇이고 통합은 무엇인가'라고 생각했습니다. 무슨 큰 차이가 있어서 결별한 것처럼 말해놓고 의미상 차이가 없는 통합이니 합동이니 하는 교단 명칭은 스스로 희화화하는 것이었습니다. 신학을 공부하며 분열을 일삼듯 했던 교계 지도

층에 대한 분노가 점점 차올랐습니다.

사실 1912년 첫 총회를 연 장로교는 단일 교단으로 시작되었습니다. 그러나 1952년 1차로 고신이, 1953년 기장이, 1959년엔 통합과 합동으로 갈라지고 말았습니다. 합동과 통합의 분열은 겉으로는 세계교회협의회 WCC가 공산주의와 가깝기에 탈퇴해야 한다는 쪽(박형룡 목사 중심, 합동)과 반대하는 쪽(한경직 목사 중심, 통합)의 견해차로 보입니다.

그러나 본질적으로는 이권 문제였습니다. 당시 장로회신학교 교장 박형룡 목사는 신학교 부지를 알선해주겠다고 약속한 교인에게 부지 불하를 위한 교섭비 명분으로 이사회 재가 없이 3천만 환(오늘의 3억 원)의 거금을 지불했습니다. 그러나 부지를 불하받지 못했습니다. 사실상 사기당한 셈이지요. 그런데 이 사태에 책임을 지고 물러나야 할 박 목사는 WCC 문제를 꺼내들어 국면을 호도했고, 마침내 추종세력을 모아 합동을 만들기에 이릅니다.

이후 합동에서만 줄잡아 120개 넘게 세포분열이 이어졌습니다. 보수, 성합, 예장, 호헌, 고신(1963년 재분립), 합신, 백석 등이 그러합니다. 나는 30대 초반 시골교회 담임목사로 있으면서 피를 토하듯이 이렇게 썼습니다. 〈회칠한 무덤 한국교회여〉의 일부분입니다.

두 번의 혁명이 발생하지 않을 수밖에 없는 정치, 경제, 사회의 큰 위기에서 교회는 무엇을 하고 있었나. 독재의

횡포와 부정부패가 극에 달하고 실업자가 늘어가고 깡패와 사기꾼이 판을 치는 사회 속에서 교회는 과연 무엇을 하고 있었나. 이제 구호물자 대신에 선교비라는 이름으로 이국땅에서 막대한 금액이 송금되어 오고 있을 때, 그것을 서로 갈라 먹으려고 눈이 벌게져 있지 않았던가.

먹은 자와 못 먹은 자가 아옹다옹 다투다가 결국 분열이 되지 않았는가. 명목이야 WCC 가맹 문제라고 했지만 그 분열의 밑바닥은 감투싸움과 이권 다툼이라는 것을 세상이 다 아는 일 아닌가. 1959년 예수교장로회는 제44회 총회에서 통합 측과 합동 측으로 두 쪽이 났다. 교단 이름마저 장난기가 깃들인 분열이었다.

이들에게는 민족의 통렬한 아픔을 감지할 촉각이 마비되었다는 것인가. 못 살겠다고 외치는 저 백성의 굶주린 소리, 저 청계천 하류민의 한숨 소리, 깡패들의 주정 소리, 인권을 유린 하는 저 소리를 들을 수 없는 귀머거리가 되었다는 것인가. 베데스다 못가의 모습이로구나. 오만가지 각색 병자가 모여서 냄새피우고 욕설을 퍼붓고 아귀다툼 하는 곳. 소경, 절뚝발이, 혈기 마른 자, 귀머거리, 중풍병자, 정신병자 등등, 지지리도 못난 병신들만 모여서 무엇을 하고 있었나.

물이 동하면 먼저 뛰어들어 보겠다는 일루의 소망을 가진 채, 그 뜨거운 태양, 그 추운 냉기, 쏟아지는 폭우, 뇌

성벽력 속에서 지치도록 기다리며 물만 보고 있었다. 그러다가 물이 조금만 바람에 흔들려도 너나없이 먼저 뛰어들어 밀고 찢고 욕하고 소란을 피우는 곳, 그곳이 베데스다 못가였다. 한국교회가 바로 그 모양, 그 꼴이었다.

백성들이야 유리하는 양떼처럼 고난의 길을 가고 있건 말건, 장로교는 네 쪽으로 갈라져서 헐뜯고 욕하고 멱살잡이하고 심한 경우에는 그 거룩한 성전에 오물을 던지는 저주받을 일을 서슴지 않고 있었다. 교단이 통합 측과 합동 측으로 분열이 되자, 이에 대한 여파가 전국 교회로 번지면서 교회마다 아수라장으로 변했고 교인들은 오만 가지 병신처럼 날뛰기 시작한 것이다. 서로 정통이라고 우기며 서로 자기들만 구원이 있는 양 주장질했다.

어찌 그뿐이랴. 그들이 그처럼 거룩하게 여기던 성전에서 입에 담지 못할 욕설을 해대고, 설교하는 이에게 똥, 오줌이 뿌려지고, 담벼락 사이를 두고 교회당을 세워놓고 한쪽이 설교하면 한쪽은 찬송으로 방해하고, 한쪽이 기도하면 한쪽은 '내 주는 강한 성이요'라고 악을 쓰면서 찬송을 부르는 아귀다툼을 나타내고 있었다.

베데스다 못가의 재현이었다. 그러한 한국교회에 대한 채찍이 두 번에 걸친 혁명을 일으키게 한 것이라는 생각은 지나친 편견일까. 아니다. 그러한 생각은 오히려 성경적이다.

"예수쟁이를 때려죽이라는 4·19의 함성은 한국 기독교회에 내린 하나님의 음성이었다. 예수쟁이를 때려죽이라는 소리는 기독교를 질시해온 타 종교나 비종교적인 학생들이 부르짖는 구호가 아니었다. 4·19를 주도하다시피한 기독 학생들의 부르짖음이었다."

- 최종고 〈영락교회의 부흥〉 135쪽

교회가 사회정의를 구현 못하고 있으니 엉뚱하게 학생들과 군인들이 이 사회를 바로 잡겠다고 나선 것이다. 그리고 1960~1970년대의 길고 어두운 유신시대를 몰고 온 것이다. 그 결과, 민주주의는 한없이 떠밀려갔고 불교를 크게 흥기시키었고, 기독교는 그 정권 하에서 많은 고난을 당하게 되었다. 한국교회의 자업자득이었다.

\*

**김용민** · 목사가 되고 첫 담임목회를 경기도 남양주 가곡교회에서 했습니다. 어떻게 그 교회와 연이 닿았습니까?

**김태복** · 가곡교회는 경기도 남양주시 화도읍 마석우리에서 수동면으로 10여 리 들어가면 나오는 교회입니다. 사계절마다 옷을 갈아입는 천마산의 풍광이 아름다운 가곡리 마을에 자리했습니다. 장신대 실천신학 교수님의 추천으로 1968년 달랑 가방 하나만 들고 부임했을 때만 해도 그곳은 전기나 전화도 없는 문명의 불모지였습니다. 여기서 7년의 인연을 이어갈 줄은 몰랐습니다.

가곡교회에서 신학교를 졸업하고 강도사에 이어 목사가 됐습니다. 결혼해 자녀 셋을 낳았습니다. 교회당을 신축하던 때에는 부족한 건축비를 다소나마 보태려 결혼반지와 목걸이를 내놓는 등 온 교인과 힘을 합쳤습니다. 그런 노력 끝에 완공한 교회당에서 드린 헌당 예배는 감격으로 기억됩니다.

그곳에서 가장 기억에 남는 것은, 유신독재 정권에서 억압받던 민주인사들과 세상의 빛 또는 소금이 되지 못한 채 표류하는 한국교회를 안타깝게 생각하며 쓴 책 〈회칠한 무덤 한국교회여〉를 낸 것입니다.

나는 배움의 기회를 얻지 못한 청소년을 위해 재건학교를 세워 그들을 양육했습니다. 그러나 산업화의 바람이 청정한 이 마을에 몰아닥치고 청춘들은 새떼처럼 도시로 떠나버렸습니다. 미래가 사라져버린 듯 보였습니다. 이 와중에 서울에서 연락이 왔습니다. 〈회칠한 무덤 한국교회여〉를 읽은 김관호 목사님이었습니다. 담임목사 청빙을 제안하신 것입니다.

새로 부임한 홍익교회는 서울에 자리했지만, 결코 화려한 곳이 아니었습니다. '서울 드림'을 안고 전국 각지에서 모여든 사람들이 수도 중심부에 접근하지 못한 채, 한양대학교 뒤 청계천 하구에 판자촌을 이뤄 살던 동네, 그곳에 있었습니다. 서울 밑바닥의 온갖 궂은일을 담당하고 있던 그들이지만, 언제든 경기도 광주로 강제 집단이주 당할 상황에 놓여 있었습니다. 교회도 어떻게 쓸려갈지 모를 불확실성, 모호성의 기반 위에 서 있었고요.

*

**김용민** · 어머니는 박정희 군사독재시절에 저항했던 동아리에서 활동하셨는데, 아버지와 생각이 다른 점은 없으셨는지요.

**김태복** · 아내는 대학(춘천농과대학)에 들어가 '거멀못'이라는 이념서클에 3기로 가입했습니다. 1965년 춘천에서 창립된 대학생 동아리인데 박정희 군사정권에 저항하며 반정부 활동을 해온 단체였지요. 경찰이 항상 감시했습니다. 아내는 형사의 눈을 피해 홍천 지역으로 은신한 적도 있었습니다.

이 모임의 리더는 훗날 민주화운동기념사업회장을 지낸 정성헌 선생입니다. 6·3 한일회담 반대투쟁 때 존재감을 드러낸 그는 조국의 민주화를 위해 평생 헌신했습니다.

**김용민** · 정성헌 선생과 제가 나눈 인터뷰(참여연대 발행 〈월간 참여사회〉 2011년 6월호)에는 어머니 최재희 권사의 증언이 있습니다. "내가 한번은 그 분을 전도하려고 했어. 그랬더니 '최 양은 나를 전도하지 말고, 썩어빠진 교회를 개혁하시오!' 이렇게 호통치는 거야. 훗날 시골교회에서 남편 따라 살 때에 수배상태였던 이 양반이 우리 집에 왔더라고. 이튿날, 공짜로 숙식해주는 게 미안해서인지 연탄을 다 날라주고, 그날로 다른 곳으로 떠났어. 우리도 가난했으니 노잣돈 줄 여력도 없어 미안했지. 그래도 가장 치열하게 살아오며 시대에 봉사한 사람이 아닌가 해. 청년 예수가 그러지 않았나."

*

1971년, 경기도 남양주
가곡교회에서 아내
고 최재희 권사,
딸 김지연과 함께

**김용민** · 소설 〈상록수〉의 주인공을 꿈꾸셨습니다. 소설이 현실에서 구현되셨는지요.

**김태복** · 우리 부부는 〈상록수〉의 주인공 같은 삶을 살아가자고 의기투합했습니다. 막연했던 나와는 달리, 아내는 더욱 구체적이었습니다. 덴마크의 달가스 같은 사람이 되겠다는 꿈이 있었어요.

1864년 덴마크는 프러시아와의 전쟁에서 대패했습니다. 전쟁 때문에 경제는 파산 직전에 있었습니다. 남자들은 매일 술로 세월을 보냅니다. 여자들은 먹고 살기 위해서 외국인에게 몸을 팔고요. 덴마크 역사에서 가장 어두웠던 시기였습니다.

그때 민족의 어두운 현실을 빛의 전조로 보았던 두 사람이 등장하는데, 바로 그룬트비 목사와 달가스 대령입니다. 그룬트비 목사는 하나님 사랑, 나라 사랑, 자연 사랑이라는 '삼의 운동'을 부르짖으며 민족의 절망을 희망으로 바꾸기 위해서 애썼습니다. 그 결과 오늘날 덴마크의 정신적 초석이 됐습니다.

나와 아내는 농촌을 마다하지 않고 현장으로 달려갔습니다. 그곳이 바로 가곡교회였습니다. 1960년대 후반이라 교육 혜택을 전혀 받지 못하던 청소년을 토요일 오후에 모아 열심히 가르쳤습니다. 나중에는 재건학교도 만들어 50여 명의 학생들을 2년 동안 양육했습니다.

우리 부부는 농촌을 하나님의 낙원으로 만들어보겠다는 의지에 불탔습니다. 청소년을 신앙과 지성으로 양육해 장래 이 마을의 지도자로 세우고 덴마크 농촌처럼 번영하게 만들리라는 사명감으로요. 그러나 '상록수'의 꿈은 힘에 부치는 일이었습니다. 많은 인적, 물적 뒷받침이 필요한데, 이 모두가 전무한 상황에서 부부의 힘만으로는 충분한 동력이 될 수 없었거든요.

게다가 가르치던 청소년이 산업화의 바람을 타면서 삶의 터전을 서울로 옮겼습니다. 서울의 공장노동자나 버스안내원, 가정부로 갔던 그들이 명절 고향에 돌아왔을 때엔 도시물이 잔뜩 들어 있었는데, 초롱초롱 빛나던 눈동자가 사라진 그 모습에 가슴이 아팠습니다. 휑해진 교회당과 교실은 우리 부부의 마음을 상징하는 것 같았습니다.

*

김용민 · 1975년 홍익교회로 옮기셨습니다. 가곡교회 교인들의 반응은 어떠했나요.

김태복 · 1975년 10월, 시골교회를 떠날 때 교우들의 눈물이 가득 찼습니다. 애써 웃으며 힘차게 인사했지만, 우리 부부도 끝까지 슬픈 마음을 감추지는 못했습니다. 목회의 첫사랑을 부었던 곳이요, 그곳에서 신학교를 마치고 목사가 되고 결혼을 해 아이 셋을 낳고 기르던 곳이었기에 그랬습니다.

임 장로님이 교인들에게 '젊은 목회자의 앞날을 열어주어야 한다'고 권고함으로써 길이 트였지만 교인들의 애석함을 끝내 잠재우지 못했습니다. 심지어 몇몇 교인들은 홍익교회에까지 따라와서 이삿짐을 정리해주기도 했습니다. 그때 30평 정도의 슬레이트를 입힌 낡은 교회당과 한옥 사택이 우리를 기다리고 있었습니다.

*

김용민 · 홍익교회가 도시에 있다고 해서 특별히 나은 형편이 아니었던 것으로 압니다. 청계천 하류에 있던 홍익교회의 당시 상황을 설명해주신다면요.

김태복 · 앞서 말한 대로 새 부임지 홍익교회는 한양대학교 뒤 청계천 하구에 위치한 빈촌에 있었습니다. 수년 전만 해도 개천 양쪽에 판자촌이 성시를 이뤘지요. (맞은편에 김진홍 목사의 활빈교회가 있었고요.) 1970년대 중반부터 서울시는 판자촌을 철거하

1970년대 초반,
경기도 남양주
가곡교회 건축현장

기 시작해 우리가 부임할 당시는 마치 전쟁이 지나간 자리처럼 폐허화돼 있었습니다. 그 부근에서 교회에 출석하는 상당수 교인들은 판자촌에서 쫓겨나 사글세 생활을 하는 이들이었습니다.

그러나 우리 부부는 벅찬 기대로 가득 차 있었습니다. 가곡교회에서 열심히 양육한 청소년들이 도시로 날아가 버렸을 때의 가슴앓이를 보상받듯, 새로 양육할 청소년이 우리를 기다리고 있었기 때문이지요.

*

김용민 · 산업선교에서 태동한 진보적 개신교 단체와 인사들이 1970년대 박정희 정부와 각을 세웁니다. 당시 진보성향 목사들의 행동과 실천에 대해서는 어떤 판단을 하셨습니까?

김태복 · 박정희 정권에 강한 반감을 가지고 있었으나 선뜻 동참하지 못했습니다. 명성이 자자했던 김진홍 목사나 인명진 목사

등 장신대 2년 후배 목사들은 목회자라기보다 사회운동가처럼 보이기도 했고요. 아마, 시골교회부터 내내 조선일보만 읽고 방송도 KBS만 시청했기 때문인 것 같습니다. 예나 지금이나 언론은 체제유지를 위해 봉사하잖습니까?

그러나 은퇴 후 팟캐스트 방송을 하면서 내 생각이 어리석었다는 것을 깨달았습니다. 함께 동역했던 유경재 목사님만 해도 독재정권 당시 경신고교 교목과 안동교회 담임목사로 재직하면서 형사들로부터 요주의 인물로 찍힐 정도로 군사정권에 저항했습니다.

무려 여섯 번이나 옥고를 치르며 민주화운동에 힘썼던 박형규 목사, 군사정권에 맞서다 해직당했던 서광선 교수, 아버지가 공산당에게 살해당했음에도 통일운동에 앞장섰던 김상근 목사, 일생 사형폐지운동을 벌인 문장식 목사, 동일방직 노동자들을 도우며 노동정의를 세우기 위해 힘썼던 조화순 목사 등은 말로 다할 수 없는 헌신의 모범을 보였습니다.

그들이 체포되어 고문당하고 옥에 갇히는 등 엄청난 박해를 감내해야 했던 후일담을 접하며, 나는 한국교회 개혁을 주장만 했을 뿐, 교회라는 울타리 안에서 안온하게 목회하면서 고난당하는 이들을 위해 아무런 연대를 하지 못했습니다. 마음의 큰 빛으로 남습니다.

*

김용민 · 전태일의 죽음 그리고 냉담했던 교회는 묘한 대조를 이뤘습니다. 아버지 서재에 하비콕스 등 진보적 종교학자의 책이

꽂혀있던 것을 봤습니다. 아버지는 사회현실을 외면하는 보수주의 신앙을 어떻게 보십니까?

**김태복** · 1970년 11월 13일 평화시장에서 근로기준법 준수 등을 외치며 피켓시위를 벌이려다 경찰에 의해 강제해산 되자 전태일은 휘발유로 자신의 몸을 적시고 불을 붙였습니다. 이 사건이 알려지자 언론은 뒤늦게 노동현실을 다뤘고 지식인, 대학생을 비롯한 시민사회 인사들의 추모집회, 철야농성이 이어졌었습니다.

그러나 대부분의 목회자들은, 당시 노동운동에 앞장섰던 인물들을 북한의 끄나풀로 매도하는 정부 발표와 언론보도만 믿고 경계의 시선을 풀지 않았습니다. 사실, 6·25를 경험한 우리 노인 세대, 특별히 재산을 다 뺏기고 월남한 이들은 공산당 이야기만 나오면 덮어놓고 공포와 분노를 표시하곤 합니다. 전태일의 의로운 죽음에 대한 무심함을, '자살이 범죄와 같다'라는 전통적 교리를 방패삼아 합리화했지요. 당시 기장 측 교단 목회자나 민주화운동과 노동운동에 앞장 선 목회자 또는 야권 인사만이 분노하며 그의 죽음을 조명했습니다.

당시 나는 장신대 학보 〈신학춘추〉 편집장이었어요. 지면을 통해 전태일 산화가 우리에게 던진 숙제를 여러 꼭지로 다뤘는데 교수들로부터 만류당하기도 했죠. 두 달마다 2,000부를 발간했던 〈신학춘추〉는 예레미야서를 현대 상황에 맞게 빗대는가 하면, 본회퍼의 〈옥중서간〉 〈나를 따르라〉와 피살당한 마틴 루터 킹 목사의 〈자유에의 투쟁〉, 라인홀드 니버의 〈도덕적 인간과 비도덕적 사회〉, 존 로빈스 목사의 〈신에게 솔직히〉, 하비콕스의 〈세속도시〉 등을 소개하기도 했습니다.

 신학생들은 학보가 제기한 의제인 '상황윤리', '해방신학', '죽음의 신학'을 놓고 강의실에서 또 도서관 앞에서 열띤 논쟁을 했습니다. 이에 고무돼 나는 진보적 신학을 더 열심히 탐독하고 지면 편집에 성의를 더했습니다. 나도 토론에 가세했지요. 그때마다 연세대 신학과나 감신대, 한신대 출신에게서 '보수신앙의 틀'에 갇혀있다는 지적을 들었습니다. 어릴 때부터 굳어진 믿음의 틀 안에서 나오지 못했던 것이지요. 그런 의미에서 전태일 죽음의 가치를 제대로 헤아리지 못했던 것 같아요. 마하트마 간디나 마틴 루터 킹의 비폭력 무저항주의가 더 동조됐습니다. 어쩌면 내가 양육했던 시골 청소년들도 청계천 평화시장의 열악한 피복공장에서 폐병을 앓으며 사투하고 있을지 모르는데 나는 껍질 밖으로 나오지 못했어요.

 부끄러운 이야기인데, 40년 목회를 마치고 은퇴한 후에야 비로소 나는 고난받는 이들의 실상이 보였어요. 특히 설교단에서 내려온 이후 '약자 보호법'의 본질을 제대로 알게 됐어요. 구약성경 시대의 이 법은 사회, 경제적으로 배제되고 소외당한 계층에 대한 하나님의 지극한 관심을 확증하는 법이지요. 출애굽기 22장 21절에서 26절에 언급한 율례에 의한 하나님의 자비는 이방 나그네를 압제하지 않고, 과부와 고아를 해롭게 하지 않으며, 가난한 자에게 이자 없이 꾸어주고, 이웃의 옷을 저당 잡더라도

해지기 전에 돌려주라는 명령에 잘 나타나 있습니다. 이 관점에서 현대사의 구석구석을 들여다보면 역사 속에 생동하셔서 개입하시는 하나님의 역사가 아닌 것이 없습니다.

*

**김용민** · 어머니는 40일 철야기도를 통해 아픈 사람을 위한 치유기도(신유)의 은사를 얻었습니다. 이를 정통 장로교단에서는 불온시하기도 합니다. 아버지 목회에서 어머니의 기도 활동은 어떤 의미가 있었습니까?

**김태복** · 홍익교회에 온 이후 아내는 몸이 아프지만 병원에 갈 수 없는 가난한 교인들 때문에 늘 마음을 졸였습니다. 그래서 생각한 것이, 환자가 몇 명이 되든 데리고 가, 치유의 은사를 보유한 변계단 권사, 현신애 권사에게 안수기도를 받게 하는 것이었습니다.

당시 두 권사의 명성은 하늘을 찔렀지요. 아내가 데리고 간 교인 말고도 전국 각지에서 환자들이 기도처인 용산에 구름떼처럼 몰려들었어요. 기도를 받으려면 줄 서서 많은 시간을 기다려야 했는데요. 그렇게 해서 순서가 됐는데 정말 눈 깜짝할 새 손만 대고 마는 것이었습니다. 아내는 이런 일이 반복되자 답답해하면서 '아니, 같은 하나님을 믿으면서 왜 나는 그런 은사가 없는가?'라며 안타까워했습니다. 그래서 하나님께 매달려 보겠다는 심정으로 40일 철야기도를 교회당에서 시작했습니다. 몇몇 교인들도 기도에 동참하였습니다.

봄이긴 했지만 때때로 눈서리가 내릴 만큼 예배당은 밤이면 추웠습니다. 그러나 아내는 가난과 질병으로 싸우는 이들에게 실존적 답을 줘야 한다는 일념으로 기도에 박차를 가했습니다. 그러다가 40일을 끝내는 새벽, 함께 기도하던 집사 한 분이 갑자기 명치 끝이 아프다고 신음하면서 떼굴떼굴 구르는 것이었어요. 아내는 무엇에 끌렸던지 그 집사의 환부에 손을 얹고 간절히 기도했습니다. 그런데 잠시 후에 씻은 듯이 나았다고 고백하는 것입니다.

이것이 알려지면서 교회에는 환자들이 모여들었습니다. 환자 기도회를 매일 열었지요. 아내는 혼신의 힘을 다해 기도했습니다. 많은 열매가 있었는데 개중에는 한양대병원에서 폐암 진단을 받은 집사가 기도 후에 완치 판정을 받았다고 간증하는 일도 있었습니다. 이때부터 홍익교회에는 전도의 문이 활짝 열렸습니다.

1975년, 홍익교회 전임 김관호 목사와 함께

병고침의 은사는 주님으로부터 비롯되고, 이를 고백하며 나아갔을 때 권능의 역사가 발생합니다. 이는 조선예수교장로회 총회장을 지낸 김익두 목사를 비롯해 수많은 믿음의 증인들이 몸소 보여준 것입니다.

\*

**김용민** · 부임하실 무렵, 홍익교회에는 내홍이 깊게 할퀴고 간 뒤였던 것으로 압니다. 어떤 일이 있었습니까?

**김태복** · 1968년 30평 교회당을 신축하고 나름대로 성장하고 있던 교회에 1972년도 들어 이상한 시험의 기운이 감돌았습니다. 지체장애를 앓던 동생과 함께 부산에서 올라온 한 여성이 교회에서 임시 유숙했는데, 알고 보니 일부 중직급 교인이 몸을 낫게 해주겠다며 대책 없이 약속을 했던 모양입니다. 그런데 이것이 교회가 거짓말을 한 것처럼 됐고, 원망의 화살이 당시 김관호 담임목사님에게 향했습니다.

김 목사님은 갖은 스트레스에 졸도하고 입원하기까지 했지요. <회칠한 무덤 한국교회여>를 읽고 나를 알게 된 김 목사님은 가곡교회까지 찾아와 홍익교회에 부임해달라고 제안했습니다. 그러나 나는 그때 가곡교회에서 위임목사가 된 지 2년밖에 안 됐을 뿐 아니라, 여태 존경받던 목사님이 이런 모습으로 목회인생을 마무리하는 것은 바람직하지 않다고 말씀드렸습니다. 그리고 명예를 회복하시라고 예의를 다해 이야기했습니다. 목사님은 2년간 회복의 시간을 가지셨습니다.

다음은 김관호 목사님이 물러나실 무렵에 하신 말씀입니다.

"새싹이 많이 돋아났다. 이들 앞에 서기에 이제 나에게는 아무것도 없다. 젊은이를 이끌 젊은 일꾼이 교회에 필요하다. 강단에 설 때마다 우러나는 내 마음속의 소리이기도 하다. '인생은 무상하다' '죽음을 어떻게 대비할 것인가' 이런 설교만 하게 되는데, 힘차게 살아가야 할 이들 앞에 면목이 없다.

나는 평소 목사의 정년을 65세로 주장해왔다. 예외도 있겠으나 대체로 보아 그 나이 이후 목회란 교회에 마이너스 되는 경우가 더 많은 것이다. 찾아서 돌볼 이들이 많은데 더 이상 힘이 나질 않는다. 교회에서도 나의 뜻을 이해해주고 더욱이 나를 신임하며 내가 추천하는 후임 교역자를 받아주니 기쁘다. 주께 감사드릴 뿐이다.

젊은 일꾼을 얻은 홍익교회는 복 있는 교회다. 모르는 교회, 생각이란 걸 모르는 마이동풍들, 이 가난, 저 고달픔들. 여기 와서 십자가 저야 할 그의 노고를 생각할 때, 지금 나의 숨김없는 마음은 김태복 목사에 대한 측은함이다. 그러나 그만큼 주의 위로가 임할 줄 믿는다. 온 교회가 사랑과 기도로 크게 돕고 그의 설교에 귀가 열려 복음이 수용되기를 간절히 기도한다."

\*

김용민 · 김관호 목사님의 기대도 있었습니다. 젊은이, 특히 청소년에게 꿈을 주는 교회를 무엇으로 어떻게 실천하고자 했습니까?

1970년대 후반, 교육관 앞

**김태복** · 나는 제대하던 해인 1963년 광염회라는 단체에 가입했습니다. 성경이 가르치는바 사회 속에서 빛과 소금같이 살자는 취지로 결성한 신앙 모임이었습니다. 회원 각자가 그 원리에 맞게 사는 것에 더해 사회를 밝히고 썩지 않게 할 인재를 양육하자는 취지였습니다. 홍익교회에 부임하면서도 그 연장선에서 청소년을 교육하고자 했습니다.

그렇다면 유대인식 교육 방법이 최선입니다. 이스라엘은 강원도만한 땅덩이의 나라지만 노벨상 수상자를 2022년까지 12명이나 배출했지요. 2000년 노벨평화상을 받은 김대중 대통령 외에는 아무도 없는 우리와 대조됩니다. 우리나라 사람이 유대인보다 머리가 좋고 부지런하며 교육열이 대단한 민족으로 평가받고 있음에도요.

한글 알기 전에 영어부터 배우는 미취학 어린이 그리고 학생 78%가 학원으로 과외로 떠도는 중고등학생, 한 해 무려 26조원이 도는 대한민국 사교육 시장의 종점은 어디입니까? 명문대 진학 아닙니까? 어느 학교냐에 따라 스무 살 되기 전에 인생의 계급이 결정되는 시스템은 과연 정의롭습니까?

유대인은 그런데, 하나님이 인간을 어느 하나같지 않게 창조하면서 각자에게 재능을 줬다고 믿고 있습니다. 그래서 그 재능을 발굴하고 육성하는 것이 교육의 목표입니다. 이로써 낙오되는 사람이 없을 뿐더러 모두가 사회공동체의 책임 있는 일원으로 자리 잡게 됩니다.

홍익교회에서 나는 청소년으로 하여금 재능을 마음껏 발휘할 수 있도록 교육 프로그램을 짜고 자치회를 운영하게 했습니다. 교회가 배출한 이들이 대부분 사회에서 자기 몫을 책임 있게 담당하는 것을 보면 긍지를 느낍니다.

*

**김용민** · 박정희가 시해되자 문 걸어 잠근 채 만세를 부르신 일화를 들었습니다. 정말 그러하셨는지요.

**김태복** · 군사독재 정권이 부하의 총격으로 무너지자 나는 하늘을 날듯 기뻤습니다. 이제는 꿈에 그리던 민주화가 오는가 싶었습니다. 그러나 얼마 후 또 다른 정치군인 전두환의 12·12 쿠데타 및 5·18 학살로 모든 게 물거품이 됐습니다. 그때 심정을 〈한국교회 이대로 안 된다〉라는 책에 이렇게 토로했습니다.

"1979년 한국교회가 또다시 크게 분열했다. 군소 교파들을 흡수해 가장 큰 교단이 된 (예장) 합동이 9월 제64회 총회에서 양분된 것이다. 총회가 열린 교회당에서는 입에 담기 힘든 추잡한 욕설과 멱살잡이, 폭력이 난무했다. 이들은 합동과 합동보수로 갈라섰다.

최대 교단이 교권을 두고 싸움에 골몰하면 여지없이 나라에 위기가 닥쳤다. '서울의 봄'을 무참히 짓밟은 12·12 쿠데타, 5·18 광주학살은 민주주의와 평화를 바라는 국민의 여망을 송두리째 짓밟았다.

문민 정치인의 무능 탓인가? 정치군인의 권력욕 때문인가? 아니다. 책임은 바로, 너 한국교회에게 있다. 너 때문에 백성이 역사적 풍랑을 만났고, 체포와 구금, 고문과 살해를 당한 것이다. 그럼에도 합동은 끊임없이 사분오열돼 오늘에 이르렀다.

지도자연 하는 자들의 저 끈질긴 종교적 아집이여. 불로 지진 양심들이여. 그래도 이 민족 위에 하나님의 은총이 계속되는 것은 지도자의 덕이 아니라, 오늘도 새벽을 열고 나와 교회 바닥에 눈물을 뿌리며 국가와 민족을 위해 기도하고 이름 없이 빛도 없이 빛과 소금으로 희생하며 사는 헤아릴 수 없이 많은 성도 때문이리라. 온갖 악취가 진동하고 추잡한 욕망이 얼룩지는 와중에도 그들에 의해 베데스다 못가처럼 맑은 물이 솟구치고 있는 것이다."

*

**김용민** · 5·18 광주의 참상을 언제 알게 되셨습니까?

**김태복** · 언론이 통제된 상태에서는 광주 참사의 진실을 접할 수 없었습니다. 신문과 방송은 당시, 광주의 폭도가 폭동을 일으켰고 경찰서의 무기고를 탈취한 뒤 군인들과 내전을 벌였으며, 교도소에서 죄수들이 탈옥해 더 큰 혼란을 빚은 것으로 보도했습니다.

그러나 나중에 광주에서 목회하는 동기에게 얻은 비디오테이프를 통해 5월 광주의 실상을 알게 됐습니다. 이것이 많은 시민에게 알려지면서 큰 분노의 물결을 이루게 됐고 마침내 1987년 6월 항쟁의 파도가 된 것으로 압니다.

*

**김용민** · 그런데 한경직 목사 등이 광주를 짓밟고 서울의 봄도 앗아간 전두환을 축복했습니다. 교단 선배 목사인 한 목사의 행보를 어떻게 판단하세요?

**김태복** · 한경직 목사님은 한 세기에 한 번 나올까 싶은 성자 같은 목회자입니다. 그는 은퇴한 후 영락교회에서 좋은 거처를 지어드린다는 제안도 거절하고 남한산성에 있는 영락여자신학교 교수 사택(20평)으로 갔습니다. 나도 방문한 적이 있는데 그분명성에 비해 너무나 초라했습니다.

그러한 한 목사님이라도 비판받을 대목은 분명히 있습니다. 한국 개신교회의 상징적 존재로서 본인의 위상을 자각했다면, 해방 이래 55년 동안 옳고 그름을 가려야 할 고비 고비에서 예언자적 사명을 감당했을 것입니다. 그러나 군사독재 정권 당시에는 국가안보 등을 이유로 그들의 손을 들어줬습니다. 실로 안타까운 일입니다.

1991~1992년 〈월간목회〉의 요청으로 원로목사 열세 분과 대담을 한 적이 있었는데, 첫 번째 인터뷰어가 한 목사님에게 '왜 군사독재자들과 협력했는지'에 대해 물어봤습니다. 답은 이러했습니다.

"나는 평소에 종교와 정치는 엄격히 구분해야 한다고 봅니다. 예수님이 승천하시기 전, 제자들은 아직도 정치에 대한 미련을 떨치지 못하고 있었습니다. 사도행전 1장 6절에 제자들이 "이스라엘을 회복함이 이때니이까"라고 묻자 주께서 대답하시기를 "때와 기한은 아버지께서 자기의 권한에 두셨으니 너희의 알 바 아니라"라고 했습니다.

또 로마서 13장 1절을 봐도 "각 사람은 위에 있는 권세들에게 굴복하라 권세는 하나님께 나지 아니함이 없나니 모든 권세는 다 하나님의 정하신 바라"라고 바울이 말했는데, 나도 이를 믿습니다. 사실 이승만 박사 때에는 (내가) 바른 소리를 하도 많이 해서 외국에 제대로 못 나갔습니다. 그 독재가 대단히 못마땅했습니다. 그래서 윤보선 씨를 많이 지지하기도 했습니다.

그러나 4·19 후에 생각이 달라졌습니다. 민주당 정권이 들어서자 대혼란이 왔고 학생들이 공산당에게 대화하자고 너나없이 나서는 것에 놀랐습니다. 그때 나는 우리 민족은 아직도 훈련이 부족하다고 느꼈습니다. 혼란을 제일 좋아하는 것은 공산당뿐입니다. 5·16 후 장도영 씨는 주례해준 적도 있어 잘 알고 있었고 김홍일 씨는 오산학교 출신이기에 잘 알고 있어 그가 외무장관이 돼 협조해달라고 할 때 수락했습니다. 질서가 필요했기 때문입니다. 그 당시 미국에서는 군사 정권을 반대하고 있었으므로 김활란, 최두선 씨와 함께 대표단이 되어 미 국무성에 가서 장관을 만나기도 하는 등 협조적이었습니다. 그러다가 상황이 바뀌어 박정희 씨가 실권을 잡았을 때, 처음에는 그가 공산주의자인 줄로 오해했습니다.

그래서 협조하지 않다가 그가 하는 일을 보고 동정을 갖기 시작했습니다. 새마을운동(정신운동), 경제부흥(현대화)을 하는 것을 보고 '바로 저것이 한국의 살길이다. 질서를 위해서는 당분간 군인들에게 맡길 수밖에 없다. 바로 그 질서가 복음화에도 도움이 된다'라는 생각이었습니다. 그래서 정권과 대립하지 말고 교회를 위해서 함께 일하겠다고 생각해 군대 선교를 시작한 것입니다.

유신헌법 만들 때 영락교회 청년들도 데모하려고 해서 막았습니다. '잘못한 것은 잘못한다고 말해라. 진정서를 보내든지, 온건한 방법으로 하라. 사회불안을 조성하여 공산당에게 기회를 주는 일은 절대하지 말라'라고 했습니다. 100만 서명운동 할 때도 그것은 해봐야 소용도 없고 오히려 사회불안만 조성할 뿐이라고 생각했기 때문이었습니다.

내가 제일 원하는 것은 민족 복음화였습니다. 그때 나는 군인 전도에 열심이었을 때인데 (유신 반대) 서명운동에 내 이름을 올리면 어느 사단장이 나에게 오라고 하겠습니까? 그러니 전도해야 할 목사가 제일 되는 사명을 버리면서까지 정치운동이나 사회운동에 가담해서는 안 된다고 생각했습니다. 그래서 많은 오해도 받고 미국집회에서도 반대를 만났습니다. 그러나 지금도 그런 신념은 옳다고 믿고 있습니다."

이러한 대답은 현실정치를 대하는 대다수 한국교회의 입장으로 굳어졌습니다. 매우 불행한 일입니다. 한 목사님의 중심에는 반공주의가 강하게 버티고 있습니다. 이북(신의주)에서 목회하다가 해방 직후 진주한 소련군에 의해 사실상 쫓겨나듯 월남했잖아요. 공산주의를 '기독교를 핍박하는 되살아난 붉은 용'으로 규정한 것이지요. 그래서 체제유지를 애국으로 이해했던 것입니다. 그러나 진정한 애국은 애민에 있는 것 아닐까요? 한 목사님이 김수환 추기경처럼 군사독재 정권에 대해 할 말을 했다면 한국교회가 사회를 선도先導하는 데 큰 동력이 됐을 것입니다.

*

**김용민** · 영락교회 수습위원장도 지내셨습니다. 한경직 목사 이후 영락교회가 담임목사를 두고 숱한 갈등에 휘말렸습니다. 왜 그랬을까요?

**김태복** · 한경직 목사님과 달리 박조준 목사님은 군사정권에 대해 바른 소리를 많이 했습니다. 그래서 전두환의 국가조찬기도회 설교 요청을 거절하기도 했어요. 그러다 외화밀반출 건으로 구속기소 됐지요. 박 목사님은 모두 정권에 의해 날조된 것이라고 밝힙니다. 그러나 이 일을 계기로 영락교회 담임목사직을 내놓게 되었습니다.

소천할 때까지 한 목사님은 영락교회에서 담임목사보다 더 상징적인 존재였어요. 그런데 후임자인 박 목사님이 이런 어려움을 당했을 때 외면하지 않고 적극적으로 도왔다면 어땠을까 하는 생각이 듭니다. (전두환 씨가 한 목사님의 뜻을 거역할 수 없었을 거예요.) 전해 듣기로는 박 목사님이 후임자가 된 후 10년 동안 영락교회가 배로 성장하는 과정에서 원로목사(한 목사님)를 등한시하기 시작했고, 이로써 원로목사와 담임목사 간에 점점 갈등이 깊어졌다고 합니다. 외화밀반출 사건 때 한 목사님은 못 본 척했고요,

*

**김용민** · 한국교회는 1984년을 개신교 전래 100주년으로 기념합니다. 하지만 이는 미국 선교사 방한 때부터 한 세기 시점일 뿐입니다. 100년 이전에도 개신교를 한국인 스스로 받아들인

일이 있었습니다. 한국교회는 기독교가 미국으로부터 이식받았다고 말하고 싶은 것 같습니다. 미국과 한국교회의 관계를 어떻게 보시나요?

**김태복** · 우리 세대는 전쟁의 참화 속에서 생존했습니다. 낙동강 이남을 제외하고 모두 공산화된 상황에서 미국 맥아더 장군과 유엔군의 도움으로 반전을 이뤘지요. 이로써 오늘의 대한민국이 있게 됐다며 고마워하고 있습니다.

무엇보다 미국은 우리가 가장 배고프고 헐벗었을 때 양식과 구제품으로 연명할 수 있게 해준 하나님의 사자였습니다. 산타클로스 같은 나라, 세계의 불침번이 돼주는 평화의 사도 또는 경찰로 믿어 왔습니다. 그러나 대학과 군대, 신학교를 통해서 보기 시작한 미국의 실상은 자국 이기주의에 매몰된 제국주의 국가였습니다. 6·25 전쟁도 북한의 배후인 소련뿐 아니라 미국의 책임도 상당하다는 사실을 깨달은 건 나중이었습니다.

한국교회 초기, 악취 나는 환경 속에서도 고통받는 환자를 가리지 않고 치료하고 오막살이에서 새우잠 자며 목숨 걸고 복음을 전했던 많은 선교사의 희생을 잊어서는 안 됩니다. 학교와 병원, 사회사업기관 등 신문물을 가져와 한국의 근대화를 선도한 것 또한 서구 교회였습니다. 게다가 을사늑약 이전 우리 영토에서 벌어진 청일, 러일전쟁 당시 한국인의 안전을 지켜주고 심지어 교육까지 해준 곳이 외국인 선교사가 세운 교회였습니다. 교회는 당시만 해도 치외법권이었습니다. 그래서 당시 한국인에게 기독교는 피난처 역할을 했습니다. 이 때문에 많은 애국지사나 지식인이 망해가는 국가를 회복할 새 이념으로 기독교를 수용하게 됐습니다.

그러나 선교사 상당수는 근본주의 노선이었습니다. 이같이 한쪽에 쏠린 신학은 한국교회에 많은 병폐를 낳았습니다. 거룩함과 세속을 편 가르는 이원론적인 신앙, 문자를 숭상하는 성경 해석은 한국교회 특유의 배타적 신앙의 이론적 뿌리였습니다. 게다가 제국주의 일본과 결탁한 상당수 선교사는 교회 내 정치활동에 제동을 걸었습니다. 복음전파 보장과 저항을 맞바꾼 것이지요. 이렇게 교회가 교회만의 성장에 몰두하는 사이 복음을 전하는 땅에서 재산을 불려 귀국하는 선교사가 늘어났습니다. 탄광, 금광, 벌목, 철도부설 사업에 손을 댄 것입니다. 그렇게 불의하게 결탁한 선교사 집단은 태평양 전쟁 국면에서 발톱을 보인 일본에 의해 신앙의 자유를 억압받더니 끝내 축출되고 맙니다.

미국을 여전히 하나님으로 여기는 기독교인이 많습니다. 태극기야 그렇다 쳐도 극우집회에서 흔드는 성조기는 보는 이들을 부끄럽게 합니다. 해방 이후 민간인 학살, 베트남 전쟁 동원, 군사쿠데타 방치, 광주학살 방조 등 현대사에서 미국이 끼친 해악이 상당합니다. 지금도 동맹이라는 이름으로 우리에게 과도하게 무기를 사게 하거나 주둔 비용을 내라고 강요하고, 반도체, 전기자동차 등에서 손해를 강요하고 한반도 평화 정착에 훼방을 놓는 등 혈맹이라는 말이 무색할 행동을 서슴지 않고 있습니다.

✸

**김용민** • 한국 개신교 부흥 과정에 조용기 목사와 순복음교회의 번영신학이 끼친 영향은 지대해 보입니다. 이 흐름이 한국사회 압축성장기와 맞물렸는데요. 어떻게 보십니까?

**김태복** • 한국교회 대표적 부흥사로는 초기 길선주 목사를 꼽을 수 있고, 이어 김익두 목사와 한경직 목사, 조용기 목사가 각각의 시대를 상징했다고 해도 과언이 아닙니다. 그러나 한국교회 양적 성장의 핵심적 견인차 역할을 한 주인공은 고 조용기 목사입니다. 조 목사는 세계에서 가장 큰 교회를 일구었고 세계 모든 나라를 다니며 부흥회를 인도했습니다. 그를 비판해왔던 분들조차도 이를 인정하지 않을 수 없습니다.

조 목사가 풍미했던 시대는 1960년대 후반 이후 한국사회에 산업화의 바람이 일기 시작한 때였습니다. 성장, 발전이 모든 가치 위에 있던 시절, 풍요와 번영을 합리화하는 황금만능주의는 염세적이고 부정적인 사회 기운을 몰아냈습니다. 문제는 신학도 이 바람에 편승했다는 것입니다. 목사가 수많은 인파 앞에서 "세상을 이긴 징표가 물질의 복을 얻은 것"이라고 공연히 주장할 수 있게 됐습니다. 이로써 한국교회는 성장제일주의로 치닫게 됐고, 교세 확장이 목회자 능력의 척도가 됐습니다.

교인은 또 어떻습니까? 기복주의의 노예가 됩니다. 빈곤한 사

1981년,
홍익교회 건축 당시
천막교회

람은 '복을 못 받은 사람'으로 낙인찍힙니다. 교회가 세와 규모를 확대하면서 나눔과 섬김의 역할을 소홀히 하게 되지요. 한국교회는 비신자에게조차 비웃음을 사게 됩니다. 이 부분에서는 이런 기풍에 확실히 선 긋지 못했던 저도 책임을 느낍니다. 다행스러운 것은 이제 부자 교회가 더 이상 부흥의 척도가 아니라는 점입니다.

*

**김용민** · 홍익교회도 교인 수가 확 불어난 것으로 압니다. 아버지는 조용기식 목회와는 결이 많이 다르셨는데 어떻게 가능했습니까?

**김태복** · 1960년 창립 이래 15년 동안 시무하던 김관호 목사가 은퇴합니다. 1975년 11월, 후임자로 35세의 제가 부임하지요. 당시 교인 수는 50명이 채 안 됐습니다.

부임하고서 나는 기도운동에 방점을 뒀습니다. 몇 분이 자유롭게 하던 새벽기도회를 매일 공식 예배로 만들었고, 1977년 1월부터 금요기도회, 2월부터는 6개 구역이 모이는 구역예배도 시작했습니다. 그렇게 기도의 바람이 일면서 1977년도부터 본격적 성장의 불길이 타오르게 됩니다. 1981년 교회 건축 시점부터는 매일 밤 9시 기도회도 열었습니다. 연중무휴 우리 교회는 기도했습니다. 내가 은퇴한 2007년에는 세례교인만 1,010명이었습니다.

한국경제 성장의 마중물은 일제강점기 강제징용으로 고생한 피해자의 피눈물과, 노동자 농민의 땀이었습니다. '우리도 한번 잘살아보세'라는 구호가 이것과 결합하면서 한국사회는 고도성장의 흐름을 탔습니다. 더 나은 삶을 향한 희구는 곧 교회에 옮겨 붙었고 밤낮 없는 기도운동이 한국교회 성장의 바탕이 됐음을 고백하지 않을 수 없습니다. 우리 교회 또한 그러했습니다.

물론 교회 성장의 기반은 사회에 희망을 품게 하는 것에 더해, 정의와 공정, 평화의 세상을 일구는 것입니다. 후자를 도외시하면 성장은 곧 바람 앞에 촛불처럼 동력을 잃게 되는 것입니다. 교회 안뿐 아니라 밖에서도 성결함을 지키는 것이 얼마나 중요한지 알아야 하겠습니다.

1980년대 초반, 당회실

**김용민** · 교회 내 운동권 학생들이 있었습니다. 그들의 존재가 부담되지는 않으셨습니까?

**김태복** · 나는 교회를 민주적으로 운영하고자 애썼습니다. 그 노력의 출발점은 재정투명성이었습니다. 주보에 매주 헌금수입을 자세히 수록하고 한 달에 한 번씩 제직회를 통해서 재정지출을 보고했습니다. 당회장이지만 함부로 재정지출을 하지 않고 장로님들과 의논했습니다. 담임목사는 물론, 부교역자 사례금을 단번에 올리지 못하도록 호봉제로 했고 이를 제도화했습니다.

인재등용 역시 공정하게 하려고 노력했습니다. 다른 교회에서는 사회적 신분이나 재산으로 중직에 발탁되는 일이 허다한 모양입니다. 그래서 우선된 원칙으로 내가 목회할 때에는 출신 지역, 학력, 재산의 편차를 느끼지 않게 했습니다.

보통 2년 단위로 장로 3인, 안수집사 5인, 권사 10인 정도가 임직하는데, 많은 수를 한꺼번에 선출할 경우 그릇된 동기의식으로 교회에 악영향을 끼칠 수 있다는 점을 감안한 것입니다. 또한, 중직 선거 때 1차에는 무기명투표를 하고 배수공천해서 일주일 동안 공고한 뒤 2차 투표를 했습니다. 이렇게 공정한 과정을 통해서 선출했기 때문에 초등학교밖에 나오지 않은 분도, 단칸 월세방에 사는 가난한 분도 장로가 될 수 있었습니다. (피택자에게 임직 기념품대로 많은 금액을 부담하게 하는 일 또한 없게 했습니다. 상한선을 둬서 기념품대로 최대 100만 원을 넘지 못하게 했습니다.)

아울러 담임목사의 권위적인 태도를 버리고자 했습니다. 담임목사실을 따로 만들지 않고 당회(의)실을 장로님들과 함께 썼습니다. 승용차도 장로님들 절반 이상이 보유할 무렵에 중형으로 구입했습니다. 식당에서도 교인들과 함께 줄서서 배식받고는 했습니다. 이런 노력 때문인지 교회 전반에 걸쳐 권위주의 문화가 거의 없었고, 군사독재정권 시절에는 교회당 안에서 시국 현안에 대한 대자보가 붙는 모습도 볼 수 있었습니다.

邊方牧會

── 제 2 장 ──

40년 목회 이야기

# 초년목회 여담

1969년 가곡교회 여름성경학교
교육전도사 시절.

### 친구 따라 신학교 입학

'친구 따라 강남간다'라는 말이 있듯, 나는 친구 따라 신학교에 입학함으로써 일생 목회자의 길을 걸었다. 이원직이라는 친구인데 '이런 인연도 있을까?'라는 생각이 들 정도로 그 친구와 나는 각별했다. 춘천고등학교 3학년 때 같은 반이었고, 대학도 같은 대학이었다. 당시 가정형편상 서울로 진학하지 못하는 친구들은 대부분 춘천농과대학(강원대학교 전신)에 진학했다.

  대학생 때 나는 소설가가 되는 것이 꿈이었다. 농학 강의를 마지못해 청강하고는 있었으나 뒷자리에 앉아 도서관에서 빌려온 문학, 철학, 역사에 관한 책들을 읽고 있었다. 그래서 스스로 '나는 농문학과에 다닌다'라고 자위하곤 했다. 그렇게 일 년을 보낸

1960년대 후반, 광염회 모임

후에 학보병으로 입대했다. 학보병은 18개월의 짧은 복무기간이었지만 근무지는 최전방이었다.

입대하면서도 이원직과 동행했다. 논산훈련소에서 군번을 받을 때 나는 0045855이고 그 친구는 0045854로 훈련소에서도 같은 중대, 전방으로 배치받을 때도 같은 7사단 5연대였다. 우리는 1년 반 동안 화천군 사창리와 임진강 변에서 복무했다. 임진강 건너편 북한 인민군을 보며 분단된 조국과 아픔의 역사, 전쟁이 남긴 상처들 그리고 조국의 앞날에 대해 많은 이야기를 나누었다. 그리고 의기투합했다. 이원직의 소개로 그가 창립한 광염회(광염: 빛과 소금)에 가입했다. 광염회는 춘천 시내 크리스천으로서 뜻있는 대학생 및 고등학생으로 조직된 모임이었다. 이

김태순 선생을 추모하며
춘천사범 동기들이 만든
유고 작곡집 (1967.6.15)

원직이 창립자이고 대표였다.

광염회원들은 장래희망을 써내야 했는데 나는 언제나 소설가라고 기록했다. 복학 후 군대 체험을 중심으로 틈틈이 소설을 쓰기 시작했고 여기저기 투고했다. 결과, 〈새생명〉이라는 크리스천 잡지와 경북대학교 학보에 입선됐다. 그러나 제대로 된 문학수업을 받지 못한 탓인지 꿈은 거기까지였다.

그러던 중 대학 4년 때, 서울 양평동 당중국민학교 교사로 재직하던 세 살 터울 형이 하숙집에서 연탄가스 사고로 숨지는 일이 벌어졌다. 가정의 기둥이었고 자랑이었던 형은 교사이면서 KBS 춘천방송국 어린이합창단 지휘자로, 또 동요작곡가로 꽤나 이름을 날렸었다. 이 명성 덕분에 서울 교사로 전임되기도 했다.

1960년대 후반, 장로회신학대학교
재학 시절 동기들과

그런데 난데없는 절명 통지가 온 것이다. 온 가족의 충격은 대단했다. 특히 나는 신앙적으로 깊은 회의에 빠지게 되었다. 저 어둑한 골짜기를 응시하며 죽음의 망령들과 어울리고 있었다. 죽음 너머의 세계를 이해하지 않고는 아무것도 할 수 없을 것 같았다.

이를 보다 못한 친구 이원직이 신학교 입학을 권고했다. 친구는 먼저 장로회신학대학에 들어가 재학 중이었는데, 신앙적 회의에 빠져있는 내가 재기하는 길은 신학교 입학이라고 판단했던 것 같다. 나는 신학교에 입학하여 죽음의 문제를 풀 수 있다는 생각에 그 길을 결심했다. 그런데 나에게 목회자의 길을 열어준 이 친구는 공교롭게도 중도에 목회자의 길을 포기하고 교직을 택했다. 그러면서 늘 농담으로 하는 말이 자신은 예수의 길을 예비한 세례 요한과 같은 역할을 했다는 것이다.

입학 첫 예배에서 나는 감격의 눈물을 흘렸다. 주일학교 때부터 낡은 풍금에만 익숙해 있던 나에게 신학교 채플실을 가득 채우는 전자 오르간의 장엄한 음률이 흡사 하늘의 나팔소리로 느껴졌다. 그 오르간의 반주를 따라 '만복의 근원 하나님 온 백성 찬송 드리고'라는 개회 송영을 부르는데 눈물이 솟구쳤다. 단지 그 음악 소리 때문만은 아니었을 것이다. 그 날 이후 내 앞에 펼쳐질 새로운 세계에 대한 기대가 마음 가득 생동했다.

50년이 지난 지금 되돌아보아도 장신대 3년은 내 인생의 황금기였다. 신학교 채플실과 침침한 기숙사방, 도서관과 7층탑, 신학교 뒤편 숲을 배회하며 어두운 사색을 하면서 하나님과 많은 대화를 나눴다. 집안의 큰 기둥이었던 형을 먼저 데려간 하나님에게 항변하기도 했다.

### 퍼주는 사랑은 왜 실패하는가?

장신대 2학년, 나는 경기도 남양주시 마석우리에서 약 4km 들어가야 나오는 가곡교회에 교육전도사로 부임한다. 교역자로서 첫 활동은 30여 명 마을 청소년과의 만남이었다. 그들은 실로 불

1969년 가곡교회 여름성경학교, 교육전도사 시절.

우했다. 전기조차 없는 낙후된 시골에서 중학교도 진학 못한 채 안 보이는 미래 문턱에서 서성이고 있었다. 나는 심혈을 기울여 그들을 교육했다. 나의 꿈은 그들을 심훈 소설 〈상록수〉의 주인공 박동혁처럼 농촌지도자가 되게 만드는 것이었다. 나는 토요일이면 중고등학교에 가지 못한 많은 청소년을 모아놓고 성경과 교양을 가르쳤다.

이 일에 가장 강력한 동지가 있었으니 채영신 같은 아내였다. 아내와 나는 춘천중앙성결교회에서 만나 연애를 했고 1969년 약혼했다. 당시 아내는 강원도 동해시 묵호에 있는 중학교 교사로 일했다. 우리는 정혼한 사이였지만 생이별을 해야 했고, 몇 개월

만에 만나면 금방 각자의 일터로 돌아가야 했으며, 이러다 보니 그리움을 편지로나마 달랠 수밖에 없었다. 가곡교회에서는 보기 안됐는지 아내를 부근 수동중학교로 부임할 수 있게 도와줬다. 1970년 8월 우리는 결혼했다. 전기 안 들어오는 두 칸짜리 사택이었지만, 우리는 신혼의 단꿈에 젖었고, 세 자녀를 낳았다.

장인의 사업 실패로 형편이 어려워진 친정, 특히 교육대학과 고등학교에 다니는 처남들 학비 조달을 위해서라도 아내는 교편을 내려놓지 못했다. 버스도 드문드문 다니는 시골길을 5km 걸어 출근했다. 아내의 과목은 본디 수학이었으나 시골 중학교 사정상 과학은 물론, 음악까지 가르쳤다. 가을에는 학교 운동회 매스게임을 도맡기도 했다. 그렇게 하루 종일 혼신의 힘을 쏟고 심지어 가정방문까지 한 다음에야 귀가하기 일쑤였는데, 간혹 퇴근길에는 야생삵을 만나 놀라기도 했다. 그런 아내의 귀가를 초조하게 기다리기를 얼마나 자주 했던지.

아내는 온전히 목회자 부인의 역할을 제대로 못하는 송구스러움에 주일예배 후에는 사택 문을 열고 먼 곳에서 온 교인들에게 점심과 저녁까지 대접했다. 나중에는 교회당에서 가까운 곳에 사는 교인들까지 밥상 공동체를 이뤘다. 사실 우리의 가난한 형편으로는 감당하기 힘든 일이었다. 교인들은 나와 아내가 각각 사례를 받으니 사정이 넉넉할 것이라 생각했던 것 같다.

하지만 우리는 부족하다 싶을 때 항상 채워주시는 하나님의 은혜를 경험했다. 하나님은 친구들이 놀러 왔다가 몰래 두고 간

1960년대 후반, 춘천중앙성결교회 여름성경학교 교사를 맡은 최재희 권사

선물에, 어느 교우가 방아 찧었다며 두고 간 포대 속에 은혜를 채워주셨다. 어떤 때는 서울에서 휴가 왔던 한 교회 중직이 주일 설교에서 은혜를 얻었다며 몰래 아내의 손에 봉투를 쥐어준 일도 있었다. 그럴 때마다 아내는 감격에 눈물을 흘리곤 했다.

그러나 주일 '퍼주는 사랑'은 우리 모르게 다른 문제를 쌓아갔다. 1975년 서울 홍익교회로 부임한 이후 10년 동안 가곡교회에는 목회자가 제대로 정착하지 못하고 7명이나 일찍 이임했다. 가장 큰 이유로, 당연시했던 목사 가정의 섬김이 예전 같지 않았고 이에 따른 불신의 골을 메우지 못했다는 데 있었다. 교인들이 주일예배 후 식사하고 친교할 수 있도록 교회 차원에서 제도화하지 못한 우리의 책임이 컸다. 교회는 일방의 전적인 헌신만으로는 돌아갈 수 없다는 점을 뒤늦게 자각한 것이다.

누가 새벽기도회 만들었어?

2009년 10월 하순 무렵, 우리 부부는 1968년부터 1975년 가을까지 7년 동안 목회했던 가곡리를 찾아갔다. 깊은 감회에 젖었다. 서울이나 춘천에서 마석까지 기차를 타고와 한 시간여 걸어 넘어가던 고갯길이 이제는 승용차로 불과 수분 만에 휙 지나간다. 지금은 50대 중반인 딸이 갓난아기였던 시절, 부부가 교대로 둘러업고 마석보건소까지 걷는다고 비 오듯 땀 흘리던 온통 숲으로 덮인 좁은 비포장도로였다.

40여 년 전 가곡리는 초가집 일색의 200여 호에 불과했던 작은 마을이었다. 지금은 온통 울긋불긋한 지붕의 주택들과 제법 큰 아파트 단지가 들어서 있고, 길에는 간판이 요란스러운 음식점들이 늘어서 있었다. 가곡교회당도 과거에는 30평에 불과한 슬레이트 지붕의 낡은 건물이었으나 지금은 300명 정도 모일 수 있는 제법 큰 예배당으로 변해 있다.

우리 부부는 이 골짜기에서 초년목회 시절을 보내면서 겪었던 온갖 고생담을 늘어놓으면서 자연스럽게 감회에 젖는 것을 느꼈다. 농촌교회에서 가장 힘들었던 점이 무엇이냐고 누가 묻는다면 무얼 먼저 이야기할까 고민하게 될 것이다. 전기도 들어오지 않던 사택은 방이 두 개일 뿐 아니라 나무로 불을 때면 온 집안이 연기로 가득해진다. 물론 부엌도 구식인데다 변소도 재래식이었고 그마저도 교회와 공용으로 사용해야 했다.

그런 처지에 목욕실을 갖는다는 것은 감히 생각이나 할 수 있겠는가? 장인의 갑작스런 퇴직으로 아내의 중학교 교사 봉급 대부분을 처남과 처제의 학비로 보내는 바람에 남들이 보면 풍족할 것처럼 보이는 생활비도 늘 부족을 면할 길이 없었다. 그러나 초년 목회자였던 내게 가장 어려운 것은 새벽기도였다. 지금은 대부분 교회가 새벽기도회를 5시나 5시 반에 시작하지만 그 당시는 새벽 4시 반에 예배를 드렸다. 새벽기도회를 위해 목회자는 4시에 초종을 치고 교회당에 호롱불을 밝혀야 했기에 적어도 3시 30분에는 일어나야 했다. 결혼 초기였던 내게는 너무나 큰 고역이었다.

그 마을에 전기가 들어온 뒤로는 새벽기도 중 월요일이 가장 힘들었다. 전기가 들어오고 얼마 뒤 장로 가정을 통해 흑백 텔레비전을 선물 받았는데, 저녁예배를 드린 후 우리 부부가 가장 기다리던 프로그램이 '주말의 명화'였다. 문화 혜택을 거의 받지 못하던 산골에서 유명한 영화를 감상한다는 건 너무도 꿀맛 같은 시간이 아닐 수 없었다. 온종일 예배 인도하랴, 회의하랴 지칠 대로 지쳤음에도 우리 부부는 눈을 비벼 가며 영화를 보았다. 그러고 나면 거의 자정이 훨씬 넘은 시간이 되는 것이다. 생각해 보라. 한참 잠이 많은 젊은 나이에 1시 가까이 잠자리에 든 입장에서 3시 30분에 일어날 수 있겠는가? 그러나 어쩌랴. 그 시간에 일어나서 기어나가듯 하는 월요일 새벽 시간은 정말 죽을 맛이었다.

자명종 소리를 듣고도 일어나지 못하다가 교인들이 깨워 허겁지겁 옷 입고 나가 횡설수설 설교를 한 적이 여러 번이었다. 새벽기도회는 나뿐만 아니라 다른 초년 목회자들에게도 고역인 모양이었다. 어느 동기 목사는 기다리다 못한 교인이 깨워 정신없이 나가 새벽예배를 인도하다 보니 위에는 복장을 제대로 착용했는데 밑에는 파자마 바람인 것을 발견하고 진땀을 흘린 적도 있다고 한다. 새벽예배 시간에 늦어버린 어느 목회자는 허겁지겁 나가서 예배를 인도하는데 교인들이 자꾸 웃더란다. 알고 보니 러닝셔츠 차림에 넥타이만 매고 있었다고 한다. 아마 모든 목회자에게 초년 시절 새벽기도회 실수담을 이야기하라고 하면 책 한두 권 분량은 넉넉하리라. 이러다 보니 어느 해 동기 목사들 모임에서 입이 걸쭉한 어떤 친구가 농담 반 진담 반으로 "어떤 놈이 새벽기도를 만들어서 이렇게 한국 목사들을 골탕을 먹이는가?"라고 떠들었고, 다른 동기들은 홀이 떠나가도록 웃기도 했다.

그러나 40대 중반 넘어서는 저절로 깨닫게 됐다. 습관이 되자 자명종 시계가 불필요해진 것이다. 그러다 보니 부목사들 세 분이 돌아가면서 맡았던 홍익교회 새벽기도회 때는 내 담당이 아님에도 언제나 새벽 설교를 준비하고 나갔다. (나는 매일 밤 9시 기도회를 맡았다.) 부목사가 제시간에 못 나오면 우선 찬송 한 장 부르며 기다리고, 다행히 나오면 바통 터치하고 내려오지만 끝내 결석할 때에는 설교까지 하고 마친다. 지각하거나 못 나온 목사는 나중에 큰 죄를 지은 양 사과하며 어쩔 줄 몰라 한다. 나는 부목사의 어깨를 두드리며 '그럴 때도 있는 것이 아니겠는가?'라고 웃는다. 젊은 날 TV로 영화 관람하고 그 다음날 새벽이면 죽을 맛을 느끼며 예배를 인도하던 때를 떠올리면서. 이렇게 새벽기도회는 목회자로 하여금 인간적 한계를 자각하고 하나님의 은혜를 간구하는 좁은 길이 된다.

### 일당 1000원, 똥 푸는 목사

도시의 큰 교회에서 가곡교회로 중고등부 수련회를 왔다. 100여 명이 넘는 숫자였다. 조그만 예배당과 겨우 슬레이트만 씌운 새 예배당, 그리고 그들이 가져온 천막 겸해서 겨우 수용은 됐다. 그러나 조용하던 농촌교회가 갑자기 시끄러워지기 시작했다. 수영복 차림으로 왔다 갔다 하기가 예사고, 기타를 둥둥거리며 유행가를 불러대며 강대상까지 올라가서 야단법석을 피운다. 순진한 교인들이 기웃거릴 때마다 낯 뜨거웠다. 문명에 눈 떴다는 나조차 이해하기가 어려운데 초신자는 오죽하겠나?
 이왕에 빌려준 처지이고, 인솔 지도자가 있으니 나서서 뭐라고 할 수는 없었다. 보고도 못 본 척했다. 문제는 화장실이었다. 농촌교회의 작은 변소는 그 많은 인원을 수용하기에 너무도 작았다. 금요일쯤 되면 화장실은 극도로 지저분해졌고 '똥통'은 가득 찼다. 황당한 일은 자기들이 쏟아낸 건데 '더럽다'고 욕을 해대는 것이다. 그들은 일정이 끝나자 청소할 생각 없이 떠날 차비에 분주했다.

서재에 앉아 있자니 내내 못 봐줄 화장실 생각만 났다. 그래서 '에라' 하고 용기를 내고는 헌옷으로 갈아입고 헌 모자를 쓰고 나섰다. 마음을 오지게 먹고 화장실 문을 열었다. 나는 눈을 감고 말았다. 인간이여! 인간이여! 시체를 만져도 태연해야지. 처음에는 고통이었지만 그다음부터는 수월했다. 그런데 문제는 이제부터였다.

한참 똥 푸고 있는데, 수련회를 온 교회 지도자 중 한 명이 참으로 송구했던 모양이다. 나도 내심으로 그들에게 보란 듯했다. 지도자는 사택에 있던 아내를 불러내 나를 가리키며 "저분은 교회 사찰인가요?"라고 물었다. 아내는 난처했다. 목사라고 하기엔 위신이 안 섰기 때문이었다. 미처 답을 못하고 있을 때, 지도자는 당시로선 적지 않은 금액이었던 500원짜리 두 장을 내놓으며 '사찰 사례비'를 지불하고는 가버렸다. 나는 헛웃음을 지으며 '사찰은 사찰이지'라고 생각했다.

농촌교회의 목회자는 풍금 없이도 찬송을 인도해야 하고, 심방 가서는 때때로 농사일도 도와줄 소탈함과 체력이 있어야 한다. 농번기에는 예배당 자리를 정돈하고, 타종도 내 손으로 해야 한다. 때로는 못질도 해야 하고, 겨울에는 손이 새까맣게 되도록 난로를 피워야 한다. 특히 지원금을 얻어내기 위해 여기저기 도시교회를 찾아가 구걸하다시피 해야 한다. 그 와중에 도시교회가 싸고 간 배설물까지 치워야 하는 현실이라니. 여기에 높은 사례비와 으리으리한 저택, 비싼 승용차 등 상전 대우받는 도시교회 목회자와 신세를 비교하다 보면 극도의 좌절감이 엄습할 수밖에 없다. 그럴 때마다 창밖 천마산에 예수님과 바울 사도가 환영처럼 나타난다. 섬김을 받는 게 아니라 섬기러 온 그분들 앞에서 나는 이내 옷깃을 여미게 된다.

### 눈물 흘리며 떠난 농촌교회

홍익교회에서 은퇴한 후 2009년부터는 본의 아니게 학부형 노릇을 하고 있다. 아내가 봄부터 경기도 광주에 위치한 서울장신대학교에서 늦깎이 신학수업을 시작했기 때문이다. 나는 수업이 끝나는 시간보다 일찍 차를 갖고 갈 때가 종종 있었다. 그런 날은 대부분 숲이 우거진 정원에서 기다리곤 했다. 가로등 불빛에 수줍은 모습을 드러낸 숲속에서, 깊어가는 가을을 노래하는 풀벌레 소리를 들었다. 그럴 때면 문득 농촌교회 시절이 떠올랐다. 40여 년 전이다.

마을에 전기가 들어오지 않아 호롱불을 켜놓고 예배드렸다. 전화는 이장댁에 한 대 있을 뿐이었다. 당시 아내는 5km 떨어진 수동중학교로 출퇴근했다.

이런 가운데 세 남매를 잉태했으니 무거운 몸으로 출퇴근하기도 했다. 이제 와 '내가 오토바이라도 샀더라면 아내가 늦게 귀가할 때 뒤에라도 싣고 올 수 있지 않았을까? 왜 그런 결단을 못했을까?' 하는 진한 아쉬움이 남는다. 그래서 이제라도 아내에게 보상하는 심정으로 아침저녁으로 승용차 기사가 되어 통학을 도울 수 있다는 것은 다행한 일이었다.

숲 사이로 바라보는 밤하늘에는 무수한 별들이 빛나기 시작했다. 그때 하나님께 다음과 같은 기도를 하고 싶어졌다. "하나님, 지금까지 40여 년간 사역 중에 아내가 헌신적으로 내조한 것을 이제라도 작으나마 외조를 통해 보상할 수 있게 되어 참으로 감사합니다."

1975년 가을걷이가 다 끝나가는 쓸쓸한 늦가을에 우리 식구들은 가곡리를 떠났다. 아내는 석 달밖에 안 되는 막내를 트럭 앞자리에서 안고 눈물을 흘리며 몇 번이고 마을을 되돌아봤다. 나도 가득 차오르는 감회를 억눌러야만 했다.

# 제2부

## 중년 목회 여담

1970년대 후반, 사근동 언덕

## 교회의 폭발적 성장, 그 이유는?

우리는 1970년 가을 문턱에 결혼했다. 흔히 결혼한 햇수를 따져서 보석에 비유하곤 한다. 15년 수정혼Crystal, 20년 자기혼China, 25년 은혼Silver, 30년 진주혼Pearl, 35년 산호혼Coral, 40년 루비혼Ruby, 45년 사파이어혼Sapphire, 50년 금혼Gold, 55년 에메랄드혼Emerald, 60년 다이아몬드혼Diamond으로 말이다. 우리는 금혼까지 이르렀던 부부의 인연이었다.

나의 목회는 아내와 협동 목회를 했다고 해도 과언이 아니다. 1975년 늦가을, 가곡교회를 떠나 홍익교회에 부임할 당시, 내 나이 35세, 아내 나이 28세였다. 두 사람에게 교회 부흥을 위한 열

1970년 8월 15일,
춘천중앙성결교회에서의 결혼식

의가 넘쳐났다지만 서울 청계천 변 달동네는 가히 척박했다. 한양대 소유의 방치된 땅엔 쓰레기가 천지였고, 버스 정류장으로부터는 10여 분을 걸어와야 했다. 30여 평의 창고 같은 허술하고 낡은 건물에 불과한 교회당은 그렇다 해도, 7년 동안 시계가 멈춘 듯 50여 명의 장년 교인들이 똘똘 뭉쳐 지내며 새 신자에게 숨 쉴 틈을 주지 않았다. 마음 한구석 불안과 염려가 들었지만 그때마다 기도에 온 힘을 쏟았다.

나는 서울 근교 산이나 집회 장소를 찾아다니며 기도했고 아내는 한밤중 교회당에서 철야기도를 드리기도 했다. 그러자 교회가 오랜 잠에서 깨어나 활기를 띠기 시작했다. 매주 등록하

1987년 여름, 서울 남산

1970년대, 성찬식

는 교인이 증가하고 장년과 함께 예배를 보던 중고등부가 분립했다. 100여 좌석이 부족해 보조의자를 놓을 지경이었다. 1970년대 말, 우리는 교인 돌보는 일로 바쁜 나날을 보낼 수밖에 없었다.

아내는 살림뿐 아니라 낮에는 심방하랴, 밤에는 철야하랴, 표현 그대로 눈코 뜰 새가 없을 지경이었다. 원거리 심방을 마치고 돌아오는 일도 잦았고, 신유 기도의 은사를 받은 후에는 환자 심방이 일상화됐다. 아이들을 자주 증조 외할머니 손에 맡기고는 했다. 은퇴한 지금에 와 보면, 다시금 젊음이 주어지고 과거의 농촌교회 목회 8년과 빈한했던 산동네 목회 32년을 다시 하라면 도무지 감당할 자신이 없다.

운동 경기로 말하면 아내는 공격수이고 나는 수비수와 같았다. 이런 대조적인 성격 탓에 초기 목회 시에는 수없이 부딪히고 얼굴을 붉히는 일이 잦았다. 그러나 연륜이 깊어지고 교회 성장이 속도를 더해가면서 동역자, 즉 콤비가 됐다. 가끔 한강 산책로를 거닐거나 승용차를 몰고 숲과 들을 가로질러 달리는 긴 여행길 속에서, 혹은 조용한 음악이 흐르는 카페에서 차를 마시면서 담소를 나눌 때, 우리는 '하나님이 짝지어주신 천정배필天定配匹이기에 가정과 교회를 돌보는 사역에서 이만큼의 성과라도 거두지 않았겠는가?'라는 고백을 나누곤 한다.


## 교인이 진심을 몰라주면

2010년 설을 앞두고 92세의 어머니가 심한 감기와 숨 차오르는 증세로 노인병원에 입원하게 됐다. 병실마다 간병인이 한 명씩 배정돼 있어 종일 보살핌은 불필요했지만, 아침마다 병원에 와 저녁에 동생과 교대할 때까지 병원 휴게실에 머물렀다. 그러면서 <홍익교회 45주년사>를 읽게 됐다. 처음에는 시간을 때우는 용도로 읽었는데, 나중엔 깊이 빠져들어 정독했다. 사실 이 책은 거의 내가 쓰다시피 한 글이다. 5년 전 발간하고 덮어둔 것을, 은퇴하고 3년 지나 다시 꺼내 읽은 것이다. 기억의 복원은 감동의 부활이었다.

'45주년사'에 등장하는 많은 이름과 희미한 사진에 나타난 얼굴을 보며, 자기 자리를 묵묵히 지키며 충성봉사 하던 일꾼들의 기도와 희생으로 오늘의 교회가 가능했다는 교훈을 되새겼다. 한 분 한 분의 밀알 같은 희생이 어우러져 주님의 교회가 이루어진 것이다.

그러나 이제 와 다시 그 현장으로 돌아가겠냐고 묻는다면 "아니오"라고 말할 것이다. 보람과 감격 못지않게 낙심과 좌절, 이의 부산물인 고통과 상처가 많았기 때문이다. 좋은 일만 추려냈지만 '45주년사' 글 행간이나 사진 사이에 은닉(隱匿)된 아픔도 되살아났기 때문이다. 겉으로는 화려한 글이요, 활짝 웃는 얼굴이지만 그것이 전부겠는가?

목회하다가 닥친 저항과 좌절로 캄캄한 날을 만날 때가 적지 않았다. 진심을 몰라주거나 오해하거나 할 때면 우리 부부는 예배당에서 손을 높이 들고 "우리는 주님만 바라보고 의지합니다"라면서 기도했다. 그럴 때면 찾아와 등 두드려주시는 하나님의 위로가 있었기에 그때그때 이겨낼 수 있었다. 그래서 30년 넘는 세월을 겪은 끝에 내린 결론은 '목회란 십자가에 달려 죽고 부활하는 것의 반복'이라는 점이다. 목회란 십자가 지는 희생 없이는 갈 수 없는 길이요, 그런 헌신이 부활의 능력을 부여받는 통로가 되는 것이다. 그런 가운데 거친 심령이 변화되고 거룩한 공동체가 형성된다.

## 산 기도는 영성 충전소

1975년 홍익교회에 부임한 뒤 금요일마다 서울 근교 산에 기도하러 갔다. 영력 증진과 교회 성장을 위해서였다. 도봉산, 남한산성, 청계산, 삼각산 등으로 다녔는데 주로 간 곳이 삼각산이었다. 지하철 2호선 신답역 부근에서 시내버스를 타고 세검정에서 내려 20여 분 정도 걸어올라 기도하고는 했다. 그때마다 새 힘을 얻고 돌아왔다. 후에는 교회 승합차나 승용차를 이용해 편안하게 다닐 수가 있었고, 나중에는 텐트까지 마련해 겨울에도 기도할 수가 있었다.

그러나 1990년대부터는 환경보호를 이유로 삼각산을 철조망

1980년대 후반, 서울노회 성동시찰 모임

으로 막아버렸다. 들어가도 요금을 내게 하고 큰 소리로 기도하거나 텐트를 설치하는 것도 금지했다. 장로인 김영삼 대통령 때의 일이다. 기도하러 온 사람들의 원성이 컸다. 수백 명 성도가 모기에 뜯기면서도 나라와 민족을 위해 눈물로 기도하는 자리 아닌가. 이곳을 군사 독재자도 하지 않던 통제를 하다니. 그래서인지 김 대통령 집권 초기부터 하늘과 땅, 바다에서 무수한 대형 참사가 이어진 것이 우연으로 보이지 않았다.

  통제 때문이기도 했지만, 번번이 금요일마다 교회 운전기사로 하여금 차로 실어 오게 하는 것도 미안했다. 점점 산에서 기도하는 것을 등한시하고 교회 안 강대상이나 빈 방에 들어가 기도하게 되었다. 그러나 산에서 기도하는 것 만큼 간절하지 않아 늘 아쉬움이 남아 있었다. 산에서 기도할 때는 주변에서 울부짖으며 기도하는 분들이 많아 자연적으로 소리 높여 기도할 수 있는 뜨거운 분위기였기 때문이다. 그러다가 1999년 노회장을 맡은 뒤에는 사방팔방으로 다닐 일이 많아지게 되어 운전면허를 취득하게 되었다. 그때 운전학원에 다니면서 하나님께 '주님, 면허를 따면 예전처럼 금요일마다 산으로 기도하러 다니겠습니다'라는 약속의 기도를 드렸다.

  하나님이 그 기도를 들으셨는가? 젊은이들에 비해 순발력이 대단히 떨어진 50대 후반 나이지만, 다섯 번에 걸친 모든 시험마다 한 번도 낙방하지 않고 단번에 합격시켜주셨다는 생각을 지울 수 없다. 나는 다시 금요일마다 산으로 기도하러 다니게 되었다. 처음에는 한두 번 삼각산에 갔으나 여전히 철조망으로 막은 것이 보기 싫어 하남시 부근에 있는 산곡기도원이나 양수리 수양관으로 가기 시작했다.

금요일 아침 10시 반경 출발해서 김밥과 사이다 한 병을 사서 싣고 강변도로를 달려 기도원에 가면 40분 정도 걸린다. 그곳에는 온 산이 기도할 곳이다. 텐트를 치고 앉아 있으면 별장 부럽지 않은 기분이 든다. 금요일의 기도는 주로 주일날 설교할 본문을 붙들고 기도하는 것이다. 한 구절 한 구절 읽어가며 깊이 기도하고 명상하고, 혹은 주석을 참조하면서 기도하다가 떠오르는 좋은 말씀들을 중심으로 초안을 잡는 것이 주로 하는 일이었다. 그리고 주일날 설교할 때 영력을 달라는 것과 교인들이 은혜 받게 해달라고 기도한다. 그러므로 금요일은 영육 간에 은혜 받고 쉬기도 하는 날이다.

나무로 우거진 숲속에서 맑은 공기를 마시며 말씀을 붙들고 기도하고 명상하는 것은 얼마나 즐거운 일인가. 그렇게 기도원에서 서너 시간 있다가 승용차를 몰고 돌아오는 마음은 마치 개선장군 같은 기분이 든다. 진작 운전면허를 따지 못한 것이 아쉬울 정도였다. 지금도 은퇴하고 나서 가장 그리운 시간은 바로 그때다.

시체 닦는 목사

교인의 애경사를 뺀 목회는 없다. 결혼 주례를 당장 떠올릴 수 있다. 그러나 장례식 집례는 비교도 안 될 정도로 고생이 크다. 예컨대 임종을 앞둔 시점은 물론, 임종 후에도 위로, 발인, 하관 예배까지 담임목사가 정상 집례해야 할 예배만도 적어도 서너 번이다.

지금이야 형식이 많이 단출해진 편인데, 40년 전만 해도 교인이 소천하면 교회는 염습까지 도맡았다. 예전엔 돌아가실 만하면 가정으로 모셨다. 병원에서 운명하면 '객사'라고 여겼기 때문이다. 누가 임종했다고 연락이 오면 담임목사는 상조위원과 함께 방문해 수족을 깨끗이 닦은 후에 칠성판에 눕힌다. 그리고 몸을 가지런하게 묶은 후 흰 천으로 덮고 병풍으로 가린 뒤 예배했다. 하루가 지난 다음엔 수의를 입히고 입관하고 또 예배했다.

당시엔 하루만 지나도 집에서 시신 상한 냄새가 진동했다. 특히 여름철에는 더욱 그러했다. 가까운 식구조차 방에 들어오는 걸 꺼릴 정도였으니 말이다. 홍익교회에서는 남성 장로님과 여성 권사님이 각각 고인이 된 남녀 교인을 위해 봉사하셨다. 시신을 알코올로 닦고 수의를 입히는 게 쉬운 일이 아닌데 그분들은 사명감을 갖고 임하셨다. 나는 옆에서 거드는 정도만 했지만 30~40분 후 마무리될 즈음에는 온몸이 땀범벅인 상태가 된다. 지금은 병원에서 모든 것이 원스톱으로 진행되니 상전벽해가 아닐 수 없다.

또 하나의 장례식 고역은 화장터나 선산에서의 하관 예배다. 벽제화장터라 불렸던 서울승화원의 경우, 몇 시간 기다렸다가 순서가 돼 잠깐 예배를 할 때 유별나게 크게 통곡하는 유족이 있거나 옆에서 타 종교 장례가 진행되면 설교는 공허한 외침이 되기 일쑤였다. 이건 그나마 낫다. 멀리 선산으로 장지를 정한 경우엔 새벽예배를 마치고 상조위원들과 떠나야 했다. 원거리인 영호남의 경우는 편도만 대여섯 시간인 경우가 적지 않다. 어느 가정은 선산이 깊은 곳에 있어서 차가 갈 수 없다보니 운구하다가 소진한다. 살을 찌르는 듯한 칼바람이 부는 겨울, 뙤약볕이 쏟아지는 여름에는 그 수고가 배가 된다.

게다가 예수 안 믿는 유족이 예배식 장례에 불만을 품고 노골적으로 반발할 때엔 고생 속에 찾아간 교인의 마음을 지치게 한다. 나도 초년 목회 때엔 참아주지 않았다. 관이 마을에 도착했는데 (비기독교식으로) 노제를 지내려 하거나 자기 마음대로 하관을 하려고 하면 공연히 목소리 높여 화를 내기도 했다. 그러나 어느 날부터 '그들도 돌아간 분에 대해서 자기 나름의 예를 갖추어 조문하고 싶어 하는 것이 아니겠는가?' 하는 생각이 들었다. 그래서 선산에서 하관 예배를 드리기 전에 그 동네 어른에게 "이분이 믿다가 돌아가신 분이기에 기독교식으로 장례를 지내기를 원하셨습니다. 그러므로 먼저 기독교식으로 예배를 드린 후에 우리가 하산하면 그다음에 여러분의 방법으로 조의를 표하십시오"라고 한다. 그러면 흔쾌히 협조하는 경우가 대부분이었다.

나는 예배를 인도히며, 좀 떨어진 곳에 앉아서 구경하고 있는 동네사람을 축복하는 기도를 드리곤 했다. 후에 이를 유쾌해했던 마을주민의 이야기를 유족을 통해 들을 수 있었다.

## 설교와 설사 사이

먼 곳에 사는 어느 교우에게서 1주기 추도예배를 인도해달라는 요청을 받았다. 때는 대심방 기간과 겹쳤다. 모든 일정을 마치고 오후 6시쯤 도착했다. 많은 친척이 기다리고 있었고, 음식 냄새가 진동했다. 그런데 예배 전부터 뱃속이 이상했다. 낮에 여러 가정에서 대접받은 음식이 탈난 것 같았다. 그러나 어쩌랴 싶은 마음으로 예배를 인도하기 시작했다.

사도신경을 읊고 찬송가를 부른 후 함께 동행한 심방대원이 대표 기도를 드리는 중에 뱃속이 심하게 꿈틀거렸다. 그렇다고 목사가 기도 중에 화장실에 갈 수도 없고, 또 갔다 하더라도 기도가 끝난 후에 설교자가 화장실에 가 있는 것을 알면 이게 무슨 낭패겠는가. 진퇴양난이었다. 혀를 깨물 듯 잔뜩 죽을상을 하며 나도 모르게 신음소리가 절로 나왔다. 웬 기도가 그리 긴지 가까스로 기도가 끝난 후 성경을 읽고 설교하는 동안, 신경은 온통 그쪽에 가 있었다. 입은 설교를 하지만 마음은 이 위기를 어떻게 넘길까 부심했다. 그러는 동안 설교는 뒤죽박죽이 되고 안색은 비참할 정도로 어두워졌다.

초대한 교우가 목회자의 표정이 왜 저렇게 사색인지, 혹시 교인에 대한 애도하는 마음 또는 죽음에 대한 심각한 상념 때문이라고 좋게 여기는지, 상대의 평판은 내 관심 밖이 됐다. 어느새 나는 차라리 세상을 떠나 눈 감은 고인이 부러울 정도에 이르고 있었다. 앞뒤가 맞지 않는 설교는 갈팡질팡하다가 허무하게 끝이 났다. 예배가 끝난 후에 감사하다는 인사치레도 받는 둥 마는 둥 하고 화장실을 찾았다. 정돈하고 앉은 후에 한숨처럼 외친 소리가 '주여, 감사합니다'였다.

### 무당집 주인 감동시키다

홍익교회 주변엔 무속인의 집이 많았다. 백기가 장대 끝에서 펄럭이고 있는 곳이 여기저기서 목격됐다. 어느 가을 대심방 기간이었다. 미신을 철저히 섬기는 주인집에 세 든 어느 교인 집에 작정하고 들어갔다. 주인집 때문에 늘 심방 대상에서 빠져 있었는데 교인의 간청을 접하고는 결심한 것이다. 우리 심방대원은 마음을 크게 먹고 전투적 태세로 그 가정에 들어가 찬송가를 부르고 기도하기 시작했다.

예상대로 안방 문이 열리더니 집주인 할머니의 욕지거리가 이어지고 "예배하려거든 내일 당장 이 집에서 나가!"라는 고함도 들려왔다. 작심한 터라 '그러거나 말거나' 하며 찬송을 강행했다. 그러나 겁을 잔뜩 먹었던지 세입자 교우는 그저 기도만 해달라고 간청했다. 가뜩이나 소심한 나는 한발 물러서고 말았다. 돌아오면서 '작전상 후퇴'라고 스스로 정당화했다. 지금도 그것이 옳았는지, 아니면 할머니의 방해를 무릅쓰고 믿음의 강행군을 하는 것이 더 옳았는지 분별하기가 어렵다.

그런데 나중에 할머니가 상당히 미안해하더라는 말을 전해 들었다. 젊은 목회자가 점잖아 보인다는 말까지. 그러더니 자기 친척이 하나둘씩 교회에 나가는 것을 막지 않았다고 한다. 자신은 끝내 교회에 출석하지 않았지만. '메시지보다 태도가 더 중요하다'라는 말을 실감하는 순간이었다. '옳음'이 넘쳐나는 시대에 정공법만이 정답은 아닌 듯싶다.

## 48세에 갓난아기 아빠 되다

2011년 3월 4일 저녁에 난데없는 전화를 받았다. 22년 전에 우리 집에서 잠시 키웠던 아기(김기봉)가 이제 성장해 대학을 졸업하고 학사 장교로 임관한다는 것이다. 그래서 인사하러 온다는 것이다. 기봉이 삼촌을 통해 윤창균, 전은진 집사님이 전해줬다.

약속시간에 맞추어 기봉이와 삼촌 부부가 도착했다. 너무나 반가웠다. 22년 만에 만나는 기봉이는 멋진 장교복을 입은 늠름한 청년으로 변해 있었다. 여전히 아기였을 때의 모습이 그 얼굴에 남아 있었다. 아내와 전은진 집사님은 눈물을 머금은 채 서로 끌어안고 반가워했다. 우리는 식사하며 자연스럽게 기봉이의 아기 시절 이야기로 꽃 피우게 되었다.

기봉이는 백일 무렵인 1989년 2월 초순, 우리 교회로 왔다. 여러모로 아파 보이던 엄마 등에 업혀서 말이다. 모자를 발견한 아내는 아기가 잘못하면 얼어 죽을 것처럼 느꼈다고 한다. 그래서 따뜻한 음식을 먹이며 '아기를 살려야 하지 않겠는가?'라고 설득해 우리 집으로 데려왔다. 당시 아내 나이 41살이었다. 매일같이 몸이 아픈 사람을 위해 기도하고 심방하기 바쁜 터였다. 게다가 큰딸은 고3, 큰아들은 중3이었다. 당시는 급식이 아니어서 도시락을 가정마다 싸던 시기였기에 '입시생 엄마'의 역할도 긴요했다. 그런데 난데없는 육아라니. 아내는 하지만 '아기를 아무 시설에 맡기는 것은 신앙 양심상 못할 일'이라며 감당하겠다고 고집을 피웠다.

아기를 얼마나 정성스럽게 다루는지 자기 자식 키울 때보다 더 옷도 먹을 것도 정성을 넘어 지성을 다할 지경이었다. 심방할 때나 집회 때에도 데리고 다녔다. 그래서 내가 다른 여인을 통해서 낳은 아이를 맡고 있는 게 아닐까 의심하는 사람도 있을 정도였다. 삼남매도 아기를 귀여워했다. 하지만 3개월쯤 지나니

1980년대 중반, 신생아 축복기도 후
*이 사진은 책의 특정 내용과 무관함.

가정으로나 교회로나 한계에 이르렀다. 그래서 당시만 해도 자녀가 없던 윤창균, 전은진 집사님 가정에 맡겼다. 처음에는 다소 꺼리는가 싶더니 나중에는 얼마나 정성을 다해 아기를 키우는지 지나치다 싶을 정도였다. 결국 집사님 가정은 9개월을 키우다가 마침내 호적에 넣을 생각으로 기봉이네 집안에 연락했다. 그런데 아기를 찾아가겠다는 답을 받았다. 청천벽력 같은 통보였다. 그러나 막을 수 없는 일이었다. 기봉이가 그 집안의 장손이었기 때문이다.

무엇보다도 그 집안 누구에게도 맡아 기르라고 허락받은 바

없기에 데려가는 것 또한 반대할 명분이 없었다. 결국 울고불고 하는식 부부를 뒤로하고 기봉이네 작은아버지들이 데리고 갔다. 우리 부부는 집사님 부부에게 면목이 없었다. 집사님 형제로부터 원망어린 시선도 받았다.

그러나 하나님은 착한 일을 해야 할 기회가 왔을 때 피하지 않고 순종한 우리 부부와 윤창균, 전은진 집사님에게 귀한 선물을 허락해주셨다. 엄마가 난데없이 아기를 키운다고 소란을 떠는 가운데서도 고3이던 딸은 이화여자대학교 사회사업과에 입학했고, 아기를 잉태하지 못하던 집사님 댁에 태의 문을 열어주셔서 귀한 두 딸을 허락해주셨다. 그리고 믿음 안에 잘 성장해 반듯한 어른으로 성장했다.

## 바로 담임목회 할 경우 문제점

<목회와 신학> 기자가 '원로목사가 된 후 현역 때 후회되는 점, 다시 목회 현장에 돌아간다면'이라는 내용으로 글을 써달라는 부탁을 해왔다. 은퇴 후 3년이 지난 시점이었는데 한 번도 생각해보지 않은 주제였다.

지금은 얼마나 목회하기 좋은 때인가. 필자의 초년 목회 시절엔 전기가 들어오지 않았고 전화도 마을 이장 댁 한 집뿐이었으며 버스도 하루 세 번 다니는 산골이 주 무대였다. 그때에 비하

면 지금은 교회가 주차장 문제로 몸살 앓을 정도로 차량이 넘쳐나고, 개인마다 휴대전화 등 통신수단을 보유하고 있으며, 설교를 뒷받침할 정보 인프라 등이 갖춰져 있는 시대다. 젊은 시절 이런 목회 환경이었다면 몇 배의 능력을 나타내지 않았을까?

나는 1967년 지방대학 졸업 후 광나루에 위치한 신학대학에 입학했다. 그 뒤 고향교회와 농촌교회에서 교육전도사 일을 포함하여 8년을, 35세 나이에 홍익교회에 부임하여 32년을 근속하고는 딱 40년 채워 66세 나이에 조기 은퇴했다. 종종 "아직도 얼마든지 일할 수 있는 나이와 건강을 가지고 있음에도 왜 조기 은퇴하느냐?"라고 묻는 이들이 있다. 그때마다 "한 교회에서 32년 동안 설교하니 더 이상 전할 말씀이 없고 일할 의욕도 없기 때문이다"라고 답했다. 반은 농담이요 반은 진담이었다.

한 교회에서 30년 이상을 설교하는 것과 큰 과오 없이 목회한다는 것은 결코 쉬운 일이 아니다. 더욱이 우리 시대 목회자는 안식년을 감히 꿈꾸지 못했기에 30년 이상 목회에 진력하다 보면 60살쯤 됐을 때 탈진하다시피 된다. 게다가 교회 발전을 위해 유능한 후배에게 물려주고 목회 일선에서 벗어나는 게 교회와 나 모두에게 좋다. 다만 젊은 시절로 돌아가 다시 목회한다는 가정 아래 과거에 아쉬웠던 점을 보완하라면 이렇게 하고 싶다.

우선 훌륭한 담임목사 밑에서 4~5년이라도 부교역자 생활을 하고 싶다. 어쩌다 보니 교육전도사(2년) 시절 외에는 부교역자 경험이 전무했다. 목사안수를 받자마자 31세에 농촌교회 담임목사가 되었고, 35세 나이에 홍익교회로 부임했다. 그런 관계로 거의 필자가 선호하는 방식으로 목회할 수밖에 없었다. 심지어는 기도하다가 떠오른 목회안을 그냥 밀어붙여 운영함으로써 교회 지도부나 교인들이 당황하는 경우가 적지 않았다. 그런 목회 방법이 어느 때엔 교회 발전에 큰 도움을 가져오기도 했지만 다른 한편 시행착오를 일으킴으로써 리더십에 심한 상처가 되기도 했다. 그런 의미에서 훌륭한 담임목사 밑에서 반듯하게 훈련받았다면 목회는 훨씬 성숙하지 않았을까 하는 아쉬움이 짙게 남는다.

또한 가장 우선순위에 두고 싶은 것은 설교에 집중하는 것이다. 지난 40년 동안 설교를 소홀히 한 것은 아니지만 되돌아보면 '문전 처리'가 아쉬웠다는 느낌이 든다. 설교는 최종 출구가 '말'인데 나는 글에 천착했다. 금요일에는 기도원이나 외진 곳에 가서 기도하며 초안을 잡는다. 토요일이면 온종일 서재에 박혀 원고를 작성한다. 여기까지는 B+에 이른다. 그러나 최종적으로는 A+에 도달하지 못했다. 작성한 원고를 몇 번이나 읽으면서 충분히 숙지 못했기 때문이다.

나의 약점은 어떤 원고든 작성한 후에 최종 점검하기를 게을리한다는 점이다. 온종일 작성한다고 진력한 후에는 다시는 안 보려 했다. 그렇게 내팽개쳐 두었다가 예배시간 임박해 한 번쯤 읽고 강단에 오르기 일쑤였다. 여러 번 읽고 강단에 섰더라면 메시지의 장악력이 높아져 자신감이 생기고, 따라서 굳이 원고를 들여다보지 않고도 설교할 수 있지 않았을까? 감동의 수위가 높아지지 않았을까? 물론 명설교문을 작성하고 철저히 숙지하고 연습했다고 해도 성령께서 역사하지 않으면 '사람의 말'로 그칠 뿐이다. 그런 의미에서 다시 목회 자리로 돌아간다면 '담임목사를 위한 기도실'을 만들어서 더 깊은 기도의 시간을 갖고 싶다.

또 하나 아쉬움은 종말론에 대한 과도한 관심이었다. 40대였던 1980년대에는 종말론 관련 서적이 봇물처럼 쏟아졌다. 기도나 성령에 관한 책들을 열심히 읽던 나는 동시에 종말론에도 관심을 가졌다. 그런데 성경을 기초로 한 해석이 아니라 시대적 상황, 특히 이스라엘 역사와 맞물린 세계정세를 엮은 해석에 눈과 귀가 쏠렸다. 서기 2000년 전후해서 지구상에 종말이 올지 모른다는 막연한 강박이 나를 압박했다. 이러다 보니 장기 목회계획 수립에 소홀했고, 청소년이나 교인을 사회와 세계에 필요한 인재로 양육하기 위한 노력도 상대적으로 부족했다. 시간을 특정하지 않았으니 괜한 에너지 낭비가 아니었나 돌아본다.

사실 홍익교회 부임 후 나는 10여 년 동안 중고등부나 청년부 수련회에 참석해 함께 숙식하며 교육이나 친교, 상담을 담당했었다. 그러나 후에는 증가하는 장년 교우에 매여 이러한 역할을 부교역자에게 맡겼다. 다시 젊은 날로 돌아간다면 스피노자의 말처럼 "내일 종말이 오더라도 사과나무를 심겠다"는 정신으로 기독교 교육에 힘쓸 것이다. 그것이야 말로 종말에 대비하는 올바른 신앙적 자세 아니겠는가.

2000년대, 홍익교회
강단에서 했던 기도

## 목회자는 두 주 휴가 다녀와야

목회에서 휴가가 필요하다는 것을 40대 후반부에 이르러 깨달았다. 그전까지는 휴가를 사치로 알았다. '목사의 휴일'인 월요일조차 쉬지 않고 소처럼 일하는 걸 도리로 여겼다. 안식년은 언감생심이었다. 어디 가난한 교회 목사뿐인가? 1980년대 중반까지 대부분의 서민은 감히 휴가를 꿈꿀 수 없었다.

일반 노동자와 달리 목사의 고충이 더 심했으면 심했지 모자람이 없다는 변명을 몇 마디 더 얹겠다. 목회 초기엔 새벽기도회가 4시 30분이어서 한 시간 전에는 일어나야 했다. 교회 차량이 없던 터라 버스를 타고 서울 전역을 돌면서 봄, 가을로 교인들의 가정을 찾아가 대심방을 했다. 교인 수가 늘면서는 각각 3개월씩 월요일부터 목요일까지 강행군을 이어갔다. 그때만 해도 대심방 종료일이 가장 기쁜 날이었다.

이뿐 아니었다. 금요일 오전에는 구역장 모임을, 금요일 밤에는 이름부터 '철야'인 철야기도회를 인도해야 했다. 낮에는 여기저기서 청탁해 오는 원고를 틈틈이 작성하고, 특강이나 다른 교회 부흥집회를 인도해야 했다. 중고등부와 청년부수련회에 참석하거나 교인과 함께 기도원 집회에 참석하는 것이 휴가와 그나마 닮은 정도였다. 이렇게 사역하다 보니 50대에 들어서는 체력이 쉽게 회복되지 않는 것을 느끼게 되었다. 수시로 몸살과 입병이 생겼다. 다행히 40대 중반부터 전임 부교역자들과 함께 팀워크 목회를 하면서는 짐을 나눠지기 시작했다.

나라경제가 성장가도를 달리던 1980년대 중반부터 휴가가 제도화되고, 2000년대 들어 주5일제가 확산되는가 하면, 지금은 일과 휴식의 균형을 추구하는 '워라밸'이 추세처럼 굳어지고 있다. 휴식은 사용자의 배려가 아닌 노동자의 권리가 됐다.

이제 와 아쉬움을 피력하자면 담임목사로서 부교역자와 직원에게 두 주간의 휴가를 부여하지 못한 점이다. 만약 그렇게 배려했다면, 한 주간은 가족과 함께 쉬고 한 주간은 영성을 전하는 시간으로 보낼 수 있을 것이고 중간에 낀 주일은 다른 교회에 참석하여 견학할 수 있는 기회를 가질 수 있었을 텐데 말이다.

1987년 여름, 서울 남산

교회학교는 스타 양성소

어느 주일인가 가까운 교회에 출석했다가 주보에 실린 담임목사의 칼럼을 읽으며 공감하는 바가 컸다.

"17대 대통령 후보 토론회 때 명사회자로 이름을 날린 고려대학교 염재호 교수를 얼마 전에 만났는데, 제게 다음과 같은 이야기를 했습니다. '과거 교회 학창시절에 진행했던 문학의 밤이나 기타 자치회를 진행했던 경험들이 오늘날 저에게 큰 밑거름이 되었습니다.' 이 같은 고백은 그 교수만의 고백이 아닙니다. 영화 '커플즈'의 정용기 감독도 동일한 고백을 제게 했습니다. '제가 영화감독이 되기까지는 학창시절에 했던 문학의 밤이라든지, 기타 행사들이 오늘날 저를 만들었습니다.' 참으로 안타까운 것은 이렇게 아름다운 시간들이 지금의 아이들에게는 공부라는 미명 하에 거의 없다는 사실입니다."

이 칼럼은, 요즈음 두 아들의 활동을 보며 더 공감하게 된다. 장남 용민과 막내 용범은 각각 시사정치와 대중문화 분야에서 발군의 실력을 발휘하고 있다. 이것은 목회자 자녀로서 30여 년 동안 교회 울타리 안에서 성장하며 받은 문화의 영향일 것이다. 이들보다 앞서서 우리 교회 교회학교 무대에서 연예인으로서 기량을 쌓은 사람 중에는 개그맨 출신 표인봉 목사도 있다.

두 아들은 어릴 때부터 교회 안에 있는 사택에 살면서 청년학생 등 형, 누나들이 준비하고 펼치는 온갖 문화행사를 눈여겨봤을 것이다. 비록 가난한 동네 교회지만, 매년 중고등부원이 준비한 문학의 밤, 성탄절 전야 교회학교 각 부서가 장년 교우 앞에서 발표하는 축하 행사 등이 그렇다. 어찌 그뿐이랴. 맑은 냇가나 푸른 바다가 가까운 수련회 행사에서 중고등부와 청년부 여름 수련회에 아빠 따라 참석하며 적지 않은 영향을 받았을 것이다. 특별히 조별로 발표하는 노래나 촌극, 장기자랑, 그리고 은하수가 유난히 아름다웠던 여름밤에 펼쳐지던 캠프파이어의 불꽃을 보면서, 그때 받은 문화적 감동이 간접적인 학습이 돼 오늘 활약상의 뿌리가 되는 것 아니겠는가. 물론 그 모든 은사는 하나님의 섭리에 따른 것이다.

그래서 틈틈이 두 아들에게 심어주는 말은 "앞으로 너희 둘이 힘 합쳐 선교방송을 해야 한다. 그런 귀한 사역을 위해 하나님께서 오늘 너희들을 돕고 계신다고 믿는다. 그렇지 않은가? 너희가 이렇게 뜰 줄 누가 알았는가? 아무도 도와주는 사람 없이 이 위치까지 온 것은 다 하나님이 마지막 때 너희를 쓰시려는 것이라고 믿는다"이다.

교회학교 행사가 설령 여러 면에서 조악하고 부족해도 뭇 어린이, 청소년에게 자기 안에 숨겨진 달란트를 발견하는 계기가 될 수 있다는 점에 주목해야 한다. 그리고 어른도 원석을 보석으로 가꾸는 심정으로 자라나는 이들에게 아낌없는 박수와 지지로 응원해야 할 것이다. 씨앗에 물을 주고 가지를 쳐 온전히 하늘을 향해 뻗어가게 하듯 말이다.

무너진 공교육, 주일학교가 해법이다

6·25 한국전쟁 이후부터 1990년대 초까지는 교회학교, 여름성경학교와 중고등부 수련회가 교회 행사 중 가장 큰 비중을 차지했다. 기간이 지금과는 비교가 안 될 정도로 길었다. 여름성경학교는 월요일부터 금요일 새벽까지 개최했고, 중고등부 수련회도 교회당을 벗어난 야외 지역에서 3박 4일 동안 진행했다.

그러므로 여름성경학교 기간에 많은 제직이 20~30명의 교역자, 교사를 대접하기 위해 땀 흘려 봉사해야 했고, 중고등부나 청년부 수련회 때는 무더위나 장마 속에서도 식사나 차량 봉사를 위해서 온갖 수고를 아끼지 않았다. 교회도 막대한 예산을 투입한다. 왜 그랬겠나? 교회와 사회를 위한 미래의 일꾼을 양육하기 위해서다.

내가 교회학교 교사가 된 것은 1950년대 후반 고등학생 때였다. 처음 맡은 일은 여름성경학교 서기였다. 예배당 본당 가득 모여든 어린이를 통솔해야 하는데 목이 쉬기도 했다. 여름성경학교는 축제 분위기에서 진행되었다. 가장 기다리는 것은 역시 식사시간이었다. 당시 교회엔 식당이 없어 부유한 중직이나 제직이 돌아가며 식사를 대접했다. 전쟁의 상흔이 채 가시기 전, 배고픈 시절에 상 가득 차려진 푸짐한 음식을 정신없이 먹던 생각이 지금도 그리움으로 남는다.

오늘날 여름성경학교나 청소년 수련회가 과거와 달리 짧아진 것은 저조한 참석률 때문이다. 제법 신앙심 있는 부모도 자녀가 교회 행사에 오래 참석하는 것을 바라지 않는다. 조금만 다른 데 한눈을 팔아도 입시 경쟁에서 낙오자가 될지 모른다는 불안감 탓일 것이다. 그러나 어린이나 청소년 입장은 또 다르다. 교회가 아니더라도 밖에는 즐길 거리가 널려 있기 때문이다.

1980년대 이전까지 교회는 사회보다 문화적으로 훨씬 우월했다. 매스 미디어가 부재한 시대, 미국이라는 압도적인 문화 선진국에서 직수입한 기독교 문화가 여름성경학교, 수련회, 문학의 밤, 크리스마스 행사를 통해 교회 내에서 독보적으로 향유됐다. 연극, 음악, 레크리에이션에 더해 푸짐한 상품과 간식거리가 젊은 세대를 교회로 유인했다. 그러나 이제는 현란한 멜로디와 색조로 분칠된 세상 문화가 그들을 교회 밖으로 내몰고 있다. 이 문화가 기독교의 것을 대체할 가치와 메시지를 갖고 있을까?

이러한 때에 한국교회의 대응이 막대한 예산을 들여 최고의 문화시설과 기자재 구축, 인재 양성 시스템을 갖추는 정도의 '뻔한 해법'에 그쳐서는 안 된다. 교회의 올바른 해법은 인간성 상실을 부르는 과도한 경쟁심을 정화시킬 맑은 샘이 되는 데 있다.

기독교 교육에 활로가 없다고들 한다. 아니다. 한국교육에 지성이 증발된 시대, 대학 입학이라는 '자격증 취득 학원교습소'로 전락한 학교의 빈자리를 주목해야 한다. 교회학교는 과거처럼 화려한 프로그램이나 흥미 위주의 이벤트로는 경쟁력을 갖추지 못한다. 단 몇 분이라도 성경을 진지하게 가르치기에 힘써야 한다. 서로가 서로를 위하는 인격 형성으로 끝내 공동체 복원에 이르게 하는 교육, 교회 말고 어디에 있는가?

성경만이 부도덕한 사회, 여기에 물드는 인간을 치유할 수 있다.

> "하나님의 말씀은 살았고 운동력이 있어
> 좌우에 날선 어떤 검보다도 예리하여
> 혼과 영과 및 관절과 골수를 찔러 쪼개기까지 하며
> 또 마음의 생각과 뜻을 감찰하나니
> 지으신 것이 하나라도 그 앞에 나타나지 않음이 없고
> 오직 만물이 우리를 상관하시는 자의 눈앞에
> 벌거벗은 것 같이 드러나느니라"
> (히브리서 4장 12~13절)

### 장로는 많을수록 좋다

담임목사는 당회장이다. 당회의 의장이라는 말이다. 당회장 외에 당회원은 장로이다. 장로교회는 당회 합의제가 원칙이다. 그래서 교회 성장을 위해 소신껏 새로운 프로그램을 도입해 보려 해도 당회의 반대로 무산될 때가 있다. 이 맥락에서 당회원이 많을수록 목사에게는 짐이라는 인식도 있다. 그러나 오랜 기간 목회를 경험한 바에 의하면 적은 수로 교회 운영을 할 때 더 어려웠다.

30대 초반에 농촌교회에서 목회할 때는 장로 한 분과 당회를 운영했다. 그분은 대학교수로서 농촌을 살리겠다는 포부로 초야에 묻혀 지냈다. 한국기독교장로회 교단 신학교인 한신대학에서 신학 수업을 한 경험이 있어 교회가 지역사회를 위해 봉사해야 한다는 소신도 있었다. 그런 면에서는 나하고 코드가 맞았다. 이 때문에 중학교에 입학 못한 마을 청소년을 돕고자 교회가 재건학교를 운영했고 축구팀을 구성하기도 했다. 지역사회를 위해 자비 들여 헌신 봉사하는 등 열심이 대단했다.

그러나 집이 교회로부터 10여 리 떨어진 곳에 위치한 탓인지 장로는 주일 외에는 새벽기도회나 수요기도회에 참석 못하고 있었다. 이러다 보니 교회의 기능 중 핵심인 영성에 관한 일에는 썩 내켜하지 않았다. 협력이 어려웠다. 그러나 나보다 인생 경험이나 학식, 재정에 대한 이해에서 앞섰기에 견해차를 드러낼 수 없었다.

의식이 깨어 있는 분에게서도 목회자로서 벽을 느낄 때가 있었다면, 신앙적으로 옹고집인 분은 오죽하랴. 홍익교회 초기목회 때가 그랬다. 35세 나이에 농촌교회를 떠나 홍익교회에 부임했을 때, 당회원이 두 분이었다. 묘했다. 한 분은 스스로 성경을 100번 읽었다며 믿음을 자랑하지만 사업에는 실패했고, 한 분은 사업에는 성공한 분이지만 신앙 면에서는 깊지 않았다.

대조적인 두 분과 함께 당회를 운영하다 보니 번번이 의견 다툼이 생길 수밖에 없었다. 한 분은 무슨 일에서나 신앙적 명분을 앞세우는 것 같으나 터무니없는 의견이 많은 반면, 한 분은 교회 운영을 세상 사업 방식으로 접근하려고 했다. 이러다 보니 당회는 한없이 길어지거나 다음 회의로 결정을 미루는 일이 많았다. 그런 의견 다툼에 내가 한쪽 편을 지지하는 것처럼 비치면 결국 감정싸움으로 번지는 일도 생겼다.

더욱이 힘든 점은 성경을 많이 알고 있다는 한 분의 도 넘는 간섭이었다. "예배는 하나님께 경건히 드리는 것인데, 특별 찬양하러 나온 분이 인사하는 것이나 듣는 교인이 이에 박수하는 것은 옳지 않다." "오후 예배시간에 교육전도사들이 설교하는 것은 좋아 보이지 않는다. 성경 해석 수준이 너무 낮다." "찬양대원 중에 넥타이 매지 않은 자가 있다." "예배 시간에 기타 치는 일을 금해야 옳다." 이렇게 당회마다 평소 가진 불만을 피력하니 듣다 보면 피곤하기까지 하다. 실향민이었던 그 분은 신앙관이 유교적인 관습에 젖어있던 유명 목회자의 영향을 받은 듯 완고했다. 지나치게 구시대적이었다. 그래서 한창 청년들이 모여들기 시작해 성장의 활기가 넘치고 있던 교회에 별 도움이 되지 못했다. 어느 순간에 나는 그와 신학적으로 맞서 의견 다툼을 벌였다.

나는 너무나 답답하고 안타까운 마음으로 기도했다. 그 와중에 떠오른 생각은 당회에 두 분의 권사를 옵서버로 참석하게 하는 것이었다. 주효했다. 권사들은 결의권은 없었으나 두 장로의 의견 다툼을 어느 정도 막아주는 역할을 했다. 그러다가 다른 교회에서 장로로 임직한 분이 우리 교회에 출석하게 되고 협동 장로가 됐다. 그분은 교단 총회 총대(대의원)로 활동한 경험이 있었다. 그래서 두 분 의견이 팽팽할 때엔 조정자 역할을 했다.

   교회가 성장하면서 당회원 수가 많아졌다. 당회원이 10명 이상 넘어서니 한두 사람의 반대가 있다 하더라도 결국 다수 의견으로 결의할 수 있었다. 어떤 사안을 내놓을 때 설득력 있게 설명하면 뜻하는 바를 실현할 수 있었다. 물론, 지금 결정하지 않으면 실기할 것 같다는 생각에 무리하게 안건을 내놓았다가 다수 반대로 포기한 경우도 있었다. 그러나 그 결정이 훗날 교회에 유익하게 된 사실도 발견했다. '집단지성'이 바로 이런 것 아닐까?

   당회원 수가 소수일 때보다는 다수일 때가 의견 조율이 쉽지만, 그렇다고 위험이 없는 것은 아니다. 어느 조직이든 사람 수가 많아지면 자연적으로 파벌이 조성되기 마련이다. 게다가 목회자가 자주 바뀌거나, 혹은 강한 리더십을 가진 목회자가 교회를 일방적으로 운영하려 하거나 창립 멤버들이 텃세를 부릴 때, 혹은 교회 내 불만 세력들이 규합한 경우엔 불에 기름을 끼얹는 꼴이 된다. 파벌이 생기려 할 때는 공정하게 근절하는 합의와 노력이 필요하다.

   그런 의미에서 담임목회 말년에 20여 분의 당회원들과 평화를 이루고, 파벌이 없는 당회에서 장기 목회하고 은퇴한 사실은 내게 복이다.

## 탈 없는 정치설교 하려면

정치적인 성향이 다양한 교인을 앞에 두고 시국에 관한 설교를 하는 것은 참으로 긴장되는 일이다. 목회자가 자신의 정치적 성향과는 다른 방향으로 설교하면 노골적으로 불만을 토하니 말이다. 나부터라도 어떤 설교자가 나와 정치 성향이 다른 내용으로 강변하면 화가 치민다. 그러니 시국 사안에 대해 일부라도 견해를 드러낼 수밖에 없는 국가기념일 설교를 아예 회피하는 걸 상책으로 여기는 목사들도 있다.

그런데 군사독재정권 시절 국가기념일 설교에 대한 고민은 전혀 다른 맥락이었다. 그때는 조금만 반정부적 설교를 하면 정보기관에 붙들려가 곤욕을 치르던 엄혹한 시절이었다. 그래서 당시 많은 목회자들은 목까지 차오르는 분노를 참아 내느라 전전긍긍했다. 그리고 강단에서 내려갈 때엔 담대히 외치지 못한 스스로의 나약함에 심한 자괴감을 느끼고는 했다. 나 역시 당시의 국가기념일 설교를 들추면 한국사회의 도덕적인 부패와 이를 해소할 교회 갱신 쪽에 더 무게를 뒀던 것을 볼 수 있다.

1987년 6월 항쟁으로 마침내 직선제 개헌이 이루어지고 형식적이나마 민주주의가 복원됐다. 이제 소신껏 설교할 수 있겠다 싶었지만 그 기대도 오래 못 갔다. 그해 겨울 대선에서 김영삼, 김대중 두 지도자가 분열해 각각 출마했기 때문이었다. 양김이 '형님 먼저, 아우 먼저' 하면서 차례로 정권을 맡아 민주주의의 봄을 열어주기를 염원했던 절반 넘는 국민의 염원은 해괴한

헤게모니 다툼으로 물거품이 됐고, 정권은 '전두환의 친구' 노태우의 손에 넘어갔다. 더 가슴 아픈 것은 양김의 분열이 영남과 호남의 갈등 고착화라는 민족사의 비극을 낳았다는 점이다. 그것이 교회 안까지 비집고 들어와 교우 간 우애에 상처를 입히고 있다는 것을 정치인들은 알고 있는가?

그 무렵 주일 교회 공동식사 자리에 가보니 한쪽에서는 영남 파들이 김대중 당시 평화민주당 대선후보를, 또 다른 한쪽 호남 파들은 김영삼 당시 통일민주당 후보를 비판하고 있었다. 심지어 중직끼리 지역감정을 억누르지 못해 교우 보는 앞에서 심한 말다툼을 했다는 이야기도 들었다. 참담한 마음을 금할 수 없었다. 그래서 다음 주일 아침예배 공고 때 "이제부터 정치적인 이유로 서로 비판하거나 다투는 일이 생길 경우 더 이상 두고 보지 않겠다"라고 경고성 당부를 했다. 다행히 교우끼리 정치적 발언을 자중하는 모습을 볼 수 있었다.

그렇다고 자로 잰 듯한 기계적 중립은 옳지 않다. 성경의 가르침에 위배된다면 비판 대상이 어느 정파 소속이든 할 말을 해야 한다. 물론 논리적 빈틈이 없도록 탄탄한 원고를 작성해야 함은 불문가지다. 그러나 이 정도로 머물러서는 안 된다. 이념이 세대나 소득 수준으로 갈린 이 사회의 갈등을 봉합하는 데 교회가 역할을 해야 한다. 자신의 짧은 정치 식견을 늘어놓으면서 세상 권력자 앞에 세 과시하려는 모든 욕망은, 세상이 화해하고 일치하기를 원하는 하나님의 뜻에 반하므로 당장 멈춰야 하는 것이다.

## 교인 감동시키는 비법

은퇴한 후에 종종 '목회의 열매는 희생에 있다'라는 교훈을 복기하게 된다. 교인들 덕분이다. 자기 자녀가 병으로 고통 겪을 때 밤에 심방 와 눈물로 기도해준 일, 삼복더위임에도 자기 부친 장례식 때 땀 흘리며 선산에서 집례해준 일, 치료비 없을 때 병원에 강권적으로 입원시켜 대납해준 일 등 으레 하는 사역이건만 교인들은 만날 때마다 고맙다며 새삼 일깨워준다.

어려움에 직면했을 때 시간, 물질을 희생하며 수고해준 사실은 오래 지나도 잊히지 않는 모양이다. 어떨 때는 까맣게 기억에서 지워진 일임에도 눈물을 흘리며 고마워하는 교인을 보며 당황할 때도 있다. 나에게는 큰 복인데, 우리 교회를 거쳐 간 부교역자들도 얼마나 희생적이었는지 모른다. 자기 자녀가 가출했을 때 그 부교역자가 사방팔방 찾아 집으로 데려오고 계속 돌봐주었다는 이야기를 들었다.

사실 우리가 예수님을 생각할 때마다 감동하는 이유가 무엇인가? 십자가의 희생 때문 아닌가? 벌레만도 못한 우리 인간을 구원하기 위해 높고 높은 보좌를 버리고 낮고 천한 세상에 연약한 사람의 모양으로 와서 온갖 모욕과 핍박을 감내하고는 끝내 십자가에서 죽으셨다. 그 주님을 생각할 때마다 죄의 넓은 길을 달리던 우리가 좁은 길을 따라 의롭게 살겠다고 눈물로 결단하지 않는가?

우리가 어머니를 생각할 때마다 마음 뭉클한 이유도 희생적인 사랑 때문이다. 나 역시 배고픈 시절 자신은 굶으면서 우리에게 먹을 것을 주고, 아파서 누워있는 때 밤이 늦도록 지성으로 간호하던 기억, 교무실에 불려가 나 대신 울며 사정하던 모습, 대학입시에 떨어져 좌절 속에 빠졌을 때 눈물로 기도해주며 위로의 말을 해주던 기억이 가슴에 눈물을 고이게 한다.

신학교 입학을 결심할 때만 해도 나의 아버지는 아직 예수 믿기 전이어서 반대가 대단했다. (훗날에는 회심하고 장로가 됐다.) 어머니는 아버지 몰래 등록금을 마련하기 위해 동분서주했다. 농촌교회 시절, 연년생으로 출생한 아들들 때문에 중학교 교사였던 집사람이 힘들어할 때, 한 살짜리 큰아이를 춘천에 데려가 2~3년 키우시며 갖은 고생을 다하셨다. 그처럼 일생 아들 목회를 위해 기도로, 물질로, 육아 분담으로 밑거름이 돼주신 어머니의 희생을 잊을 수 없다. 목회는 희생의 밑거름 없이는 열매 맺을 수 없다. 십자가 없이 부활의 열매를 맺을 수 없다는 것은 영원한 진리이다.

> "한 알의 밀알이 땅에 떨어져 죽지 않으면
> 한 알 그대로 남아 있고 죽으면 많은 열매를 맺느니라."
>
> (요한복음 12장 24절)

## 교인 성질 고칠 수 있다

　대부분의 목회자가 받는 스트레스 중 하나가 오래된 교우일수록 신앙이 굳어져 버린다는 것이다. 일주일 내내 기도하면서 준비한 설교를 했는데, 예배 마친 후 그들의 모습에서 초신자 청년 교인만도 못한 반응이 감지될 때엔 약간 실망한다. '오랜 교인의 딜레마'라고나 할까? 신앙의 연륜이 더해 갈수록 날로 새로워지기는커녕, 율법과 장로의 유전으로 굳어진 바리새인처럼 심령이 굳어가는 느낌을 주는 이들이 있다. 어찌 그뿐이겠는가? 변화 받았다고 눈물을 흘리며 간증한 교인조차 한참 뒤에는 예전의 구습을 좇는 모습을 보인다. 이러면 목회자는 무기력해진다.

　목회 경험이 일정 궤도에 오르면 인간의 성질이 잘 바뀌지 않는다는 결론에 도달하게 된다. 사람의 성질을 규정하는 여러 분류법이 있다. 답즙질, 다혈질, 우울질, 점액질 등으로 분류하는 혈액형 분석법이 있는가 하면, 외향성, 신경성, 성실성, 친화성, 개방성 등 다섯 가지 지표로 성격을 나누는 빅 파이브 모델도 있으며, 요새 젊은이에게 '핫'한 '자기 보고식 검사'에 기반한 MBTI가 있다. 그러나 어느 것 하나 바람 따라 물결 따라 변화무쌍한 인간 심리의 변화를 정확히 규명하지 못하고 있다. 당장 MBTI 유형만 해도 아침, 저녁의 결과치가 다르다고 하지 않나? 그것은 고정된 운명은 없다는 말이기도 하다.

그럼에도 목회자 중에는 교인들의 기질을 변화시키기 위해 기를 쓰는 경우가 많다. 베드로처럼 다혈질적인 사람에게 바울처럼 의지가 강한 사람이 되라고 말씀으로 훈계하기도 한다. 안 된다. 교인은 혼란을 겪는다. 목회자는 각자의 기질이 타고난 것임을 받아들여야 한다. 그리고 그 기질로 하나님이 어떻게 당신의 계획에 이용하실지 주목해야 한다. 마치 농기구나 병기를 농부나 군인이 때와 장소에 따라 달리 사용하듯 말이다.

단점조차도 이를 활용해 선을 이루는 하나님 아닌가? 즉흥적이었지만 위선 따위는 없었던 베드로, 의심이 많았지만 지적이었던 도마, 과격했기에 곤란한 상황을 회피하지 않았던 요한의 성격을 유익하게 활용해 초대교회 지도자로서 일하게 했다. 그러므로 목회자는 교인을 각자 부여된 성격으로 하나님의 도구가 되게 해야 한다.

물론 성질 모두가 다 쓰임새가 있는 것은 아니다. 부정적 말이 앞서 나오거나, 남 헐뜯으며 공동체에 훼방만 놓거나, 남과 어울리지 않고 자기중심적인 주장만 고집하는 이기적인 본성이 그렇다. 이는 병든 것이다. 예수님의 인격을 닮도록 유도해야 한다. 경건의 연습을 더하는 것이다. 그렇다면 그 부정적인 태도가 활용 가능한 기질로 바뀔 수 있을 것이다.

성령에 붙들린 삶이 필요하다. 이를 소홀히 여기면 연약한 질그릇 같은 우리의 심령은 사탄의 도구로 악용될 수 있다. 과거에 아무리 은혜에 충만해 하나님의 도구로 강하게 쓰임 받은 체험이 있는 사람이라도 방심해서는 안 된다. 은혜의 촛대를 빼앗긴 니골라가 되어 교회의 훼방꾼이 되는 것은 한순간이다.


세상에 이상한 성격은 없다

  40년 동안 목회하면서 귀한 성품을 가진 교우를 많이 만나 큰 도움을 받았다. 지금도 떠올릴 때마다 감사한 마음이 샘솟는다. 그러나 때론 특이한 성격을 소유한 교인 때문에 실의에 빠지기도 했다. 신앙 있다고 하는 사람 중에는 유난히 공격적인 사람, 분쟁에 능한 사람, 허풍쟁이, 수다쟁이, 인색한 사람, 사치한 사람 등 세속의 냄새를 풍기는 경우이다.
  어렸을 때 극심한 가난이 원인이 되어 일생 돈만 아는 사람, 부모가 억울하게 죽은 것이 원인이 되어 평생 복수심에 매여 사는 사람, 어린 자기를 두고 재가한 어머니를 일생 미워하며 사는 사람 등 교우 중에는 어린 시절 상처를 치유하지 못해 신앙 성장이 제자리걸음인 경우도 있었다. 그를 위해 열심히 기도하고 설교해보지만 큰 변화의 모습이 보이지 않았다.
  정도의 차이만 있을 뿐 교인 누구에게나 연약한 면이 있기 마련이다. 명예욕 또는 물욕에 약하거나, 성적(性的) 문제로 시험에 잘 들고, 평소 침착한 모습과 달리 순간 혈기를 참지 못해 실수를 저지르기도 한다. 무엇 때문인가? 신앙적으로 사탄의 미혹에 넘어간 탓이라고 하면 되겠지만 과연 그뿐인가?

정신분석학에서는 유아기 때의 트라우마가 성인기의 행동을 좌우할 때가 많다고 주장한다. 어렸을 때 받았던 상처가 잠재의식 속에 잠복되어 있다가 성인기에 와서 분출하는 경우다. 다시 말하면, 상습절도, 방화, 성폭행, 살인 등 모든 범죄는 어린 시절에 받았던 상처가 뿌리인 경우가 적지 않다는 설명이다. 그러므로 어렸을 때 받은 상처를 방치하지 말고 치유하는 것이 중요하다.

유아기적 트라우마를 치유하지 않고 잠재의식의 검은 창고 안에 방치해두면, 그 상처도 세월의 크기만큼 함께 자라서 큰 흉물의 모습으로 나타난다. 칼 메닝거Karl Augustus Menninger라는 정신분석학자는 저서 〈애증〉에서 "성인 남자는 여러 가지로 공격, 침략을 당해도 맞설 수단이 있지만, 아이에게는 그런 여유가 없으므로 감정 밑에 묻어둔다. 그 감정이 20년이나 잠복되었다가 나올 때는 10배나 100배로 폭발력을 갖게 된다"라고 했다.

유대인 600만 명을 학살하고 전 세계를 전쟁의 도가니 속으로 몰아넣은 전쟁 원흉 아돌프 히틀러는 어떻게 생겨났는가? 남편이 장사 일로 집을 비운 사이 그의 어머니가 유대인 남자와 불륜 관계를 맺었다는 설이 있다. 이는 히틀러가 어려서부터 마음속 깊숙이 유대인을 증오하게 되었고, 여성에 대한 불신감을 갖게 됐다는 또다른 설을 낳았다. 화가의 꿈을 품고 미대에 들어가려던 히틀러를 탈락시킨 교수가 유대인이었다는 풍문도 있다.

나를 돌아봤다. 6·25 한국전쟁을 겪은 때가 9살. 전쟁 이후 보릿고개를 넘던 식구는 죽을 많이 먹었다. 지금도 포탄 소리나 비행기 소리가 나면 순간적으로 예리한 두려움이 감정을 찌르는 느낌을 받는다. 그래서 지금도 아무리 좋은 죽이라도 먹고 싶지 않다. 이것 외에는 유소년기 트라우마가 딱히 없는 것 같다. 만약 성장과정에서 폭력이나 학대, 화재나 사고로 인한 가족의 죽음 등 씻을 수 없는 상처를 받았다면 달랐을 것이다.

그래서 가정이나 교회가 해야 할 일은, 어렸을 때 받은 상처가 더 이상 어두운 잠재의식에 방치되지 않도록 치유해야 한다는 것이다. 부모나 자녀, 부부 간에도 어렸을 때 받은 상처나 맺힌 한을 대화나 깊은 사랑으로 감싸면서 풀어주어야 한다. 특별히 교회는 마음속 고통의 시간을 지우도록 하나님의 사랑과 구원, 은총을 일깨울 책무가 있다.

## 나를 힘들게 한 교인

영국 브루더호프 공동체의 요한 크리스토프 아놀드Johann Christoph Arnold 목사가 낸 〈왜 용서해야 하는가〉라는 책을 보면 '용서'에 관한 값진 통찰이 빛난다. 목회 40년 동안 '용서'에 대한 설교를 수없이 해왔지만, 이 책을 읽으면서 '그간 용서에 대해 변죽 울리는 설교만 한 것이 아닌가' 하는 반성을 하게 됐다.

이 책은 자신에게 엄청난 피해를 준 가해자를 용서하지 못하고 증오와 원한을 품고 있는 것이 자신만이 아니라 가족과 주변인에게 나쁜 영향을 준다는 교훈을 많은 사례를 끌어와 들려준다. 우리가 어떤 사람을 용서하지 못한 채 마음속에 증오나 분노, 원한을 품고 산다면 그것은 내 마음의 암 덩어리가 돼 평안해야 할 감정을 갉아먹고 정서를 황폐하게 만들 뿐 아니라 다른 관계의 비극을 초래하게 한다고 저자는 강조하고 있다.

저자는 책에서 "원한은 파괴적인 힘을 발휘하고 그 힘은 누구보다 그 자신을 파괴한다. 마치 암세포나 사상균絲狀菌이나 홀씨처럼 어두운 구석에서 잘 자라고, 마음에 새로 생기는 앙심이나 증오심을 먹고 산다"고 설명했다. 이 책에서는 알코올 중독자 어머니 밑에서 자라며 분노심과 함께 자란 아들, 총기 난사로 자녀를 잃은 부모, 나치 치하에서 가족을 잃고 홀로 살아남은 유대인 이야기 등 숱한 피해자의 이야기를 사례로 들고 있다.

물론 이들 중에는 예수님 말씀대로 가해자를 용서함으로써 증오와 분노, 원한의 사슬을 풀고 자유를 얻었을 뿐 아니라 신앙의 높은 경지를 체험한 경우도 있다. 이를 소개하며 저자는 "어둠을 몰아낼 수 있는 것은 어둠이 아니다. 빛만이 어둠을 몰아낼 수 있다. 미움을 몰아낼 수 있는 것은 미움이 아니다. 사랑만이 미움을 몰아낼 수 있다"라고 했다.

돌아보니 목회 과정에서 나를 힘들게 한 교인이 있었다. 그분은 40일 금식기도를 두 번이나 할 정도로 기도에 몰두하는 사람이었다. 문제는 장기금식을 하고 나서 교만해진 태도에 있었다. 새벽기도회나 밤 9시 기도회는 참석하지 않고 지하실 골방에 들어가 따로 기도하고 심지어 자기가 체험한 환상이나 영의 메시지를 교우들에게 경박하게 발설하기도 하고, 때론 나의 목회에 대해 은근히 비판하기도 했다.

  목회자의 자존심이 가장 크게 상하는 것은 누구로부터 내 설교나 영적인 리더십을 비판받는 것이다. 그러므로 그를 볼 때마다, 그가 영적인 체험을 함부로 떠들 때마다, 속으로 차오르는 분노심을 억누르기 힘들었다. 당장 불러다 야단치고 싶었다. 그러나 일주일 금식도 제대로 못했을 뿐 아니라 신비한 영적 경험이 없는 나의 입장에서는 잘못하면 신앙적 질시로 비칠까 조심스러웠다. 나는 하나님께 간구하기를 그 사람을 멀리 보내시든지, 감당할 수 있는 능력을 달라고 했다. 하루는 그가 교우와 크게 싸우더니 큰 실수를 저질렀고 끝내는 교회를 떠나게 됐다.

  몇 년이 지난 어느 날, 그분이 나를 찾아왔다. 모 신학교에 입학하려고 하는데 추천서를 써달라는 것이었다. 나는 좋은 목회자가 되라고 격려하며 추천서와 몇 권의 책을 선물로 줬다. 그에 대한 미움이 풀린 것은 두말할 나위가 없다. 다만 여기저기 떠돌아다니는 그의 모습에 불쌍한 마음이 고였다. 후에 들리는 말로는 그분이 우리 교우를 만날 때마다 '내가 여기저기 많은 교회를 다녀보았지만 김 목사님처럼 온유하고 겸손한 분을 만나지 못했다. 목사님을 잘 모시라'고 하더라는 것이다.

만약에 화를 못 참아 그를 혼내주었다면 당장은 평정이 됐겠지만, 그는 교회를 떠나 밖으로 떠돌면서 나를 비난했을지 모른다. 예컨대 나를 삯꾼 목회자 취급하거나, 교회 천장에서 귀신을 보았다는 등 헛된 말을 퍼트리며 사탄이 역사하는 교회로 매도했을 수도 있다. 십자가의 목회, 용서의 목회, 허물을 품는 목회, 거기에서 하나님은 부활과, 생명, 변화의 역사를 나타내신다고 믿는다.

> "내 사랑하는 자들아 너희가 친히 원수를 갚지 말고
> 하나님의 진노하심에 맡기라 기록되었으되
> 원수 갚는 것이 내게 있으니 내가 갚으리라고
> 주께서 말씀하시니라 네 원수가 주리거든 먹이고 목마르거든
> 마시게 하라 그리함으로 네가 숯불을 그 머리에 쌓아 놓으리라."
>
> (로마서 12장 19~20절)

### 교회에서 왜 싸우나

지금 한국교회는 각각의 교회 내부는 물론, 교단과 연합기관이 많은 분쟁으로 몸살을 앓고 있다. 무엇이 문제인가? 한마디로 요약하면 '누가 크냐?'이다. 겉은 언제나 은혜와 사랑을 지향하는 듯 보인다. 그러나 내면 깊이 들여다보면 교인 간 끝없는 경쟁이 파도치고 있음을 발견하게 된다. 때론 지나쳐 싸움이나

법정 분쟁으로 비화되기도 한다.

양태와 종류는 달라도 밑바닥에는 '왜 나를 무시하는가?'라는 불만이 있다. 한 교회 안에서 찬양하고 기도하며 교제하고 위로, 격려하는 모습은 아름답지만, 무엇인가 교회 안에 시험의 기운이 흐르면 재산과 학벌, 부부관계와 자녀성적을 비교하며 우월감과 열등감이 요동친다. 심지어는 헌금이나 충성 봉사에도 하나님보다 사람을 더 의식한다.

자기가 많이 충성하고 헌금했음에도 목사나 교인이 알아주지 않으면 은근히 불만을 드러내는 경우가 있다. 사랑의교회 설립자인 옥한흠 목사의 아들 옥성호 테리토스 대표는 "아이러니컬한 것은 밖에서 사랑의교회가 회복되게 해달라고 기도하는 사람들을 보면, 정작 아버지의 보살핌을 받지 못했던 분들이다. 그러면 아버지 곁에서 일하시던 분들은 다 어디 있나. 현 담임목사(오정현) 밑에서 일하고 있다. 사실 그분들에게는 옥한흠이냐 오정현이냐가 중요한 게 아니다. 권력자가 필요한 거다. 자기가 모시는 권력자가 이왕이면 훌륭한 인격을 가지고 있고 사람들에게 존경받는 분이면 더 좋은 것일 텐데, 그들은 그게 아니어도 상관없는 사람들이다."

어디나 사람이 모인 곳에는 힘 있는 자를 향한 행렬이 있다. 은혜가 약화하는 교회는 더욱 그러하다. 노회나 총회, 교단 연합 모임에 가면 '누가 크냐'를 따지는 현상이 더 두드러져 보인다. 대다수의 총대는 순수의 외피를 띠지만, 그중 일부는 누룩 역할을 서슴지 않는다. 예수님께서 "긴 옷을 입고 다니는 것을 원하며 시장에서 문안받은 것과 회당의 상좌와 상석을 좋아하는 서기관들을 삼가라"(누가복음 20장 46절)라고 비판하셨던 모습의 '실사판'이다.

겉으로는 말쑥한 정장을 차려입고 온화한 웃음을 지으며 악수를 나누지만, 속으로는 이리의 본성을 숨기고 있다. 높은 상석에 앉으려고 검은 거래와 야합하기를 멈추지 않는다. 교회에 선거 브로커가 왜 있겠나? 상석을 탐하는 자 때문이다. 참으로 가슴 칠 노릇이 아닐 수 없다. 그러나 이러한 모습의 원천은 예수님의 제자들이었다. 내일이면 십자가의 모진 고난을 당하는데 절체절명의 위기의 시간에 제자 사이에서는 "누가 크냐로 다툼이 났다"(누가복음 22장 24절)라고 기록하고 있다. 3년 동안 최고의 설교를 들었고, 최고의 능력을 봤음에도 제자는 그 모양 그 꼴이었다. 그때 예수님이 탄식하면서 말하기를 "너희 중에 누구든지 크고자 하는 자는 너를 섬기는 자가 되고 너희 중에 누구든지 으뜸이 되고자 하는 자는 너희 종이 되어야 하리라"(마태복음 20장 26~27절)라고 하셨다.

한국교회 지도자라고 자처하는 사람이 시급히 해야 할 일은 상석에서 내려와 섬기는 자, 종의 도를 나타내는 것이다. 그것은 불가능한 일이 아니다. 초대교회를 보라. 십자가 사건 전에는 그렇게 비겁했던 제자들이 초대교회 공동체에서는 담대한 모습으로 변하지 않았나.

초대교회는 표면적으로는 문제가 많아 보였다. 유대인과 이방인, 주인과 종, 할례자와 무할례자 등 온갖 종류의 사람들로 구성되어 있었기 때문이었다. 그러나 그 모든 자들이 성령 안에서 십자가와 부활로 하나가 됨으로써 인간적인 갈등들을 극복할 수 있었다. 각 지교회와 노회, 총회와 연합기관들이 새로워지려면 부와 학벌, 지역과 권력 중심으로 높아지려는 자들을 과감히 밀쳐내고 오직 묵묵히 섬기려는 자, 종의 도를 행하는 자를 찾아서 지도자로 세워야 한다.

> "너희 중에 누구든지 으뜸이 되고자 하는 자는
> 너희 종이 되어야 하리라"
> (마태복음 20장 27절)

### 갈등 조정 최고의 명약은?

내가 40년 목회기간 중 가장 어려운 때를 꼽으라면 영락교회 수습전권위원장을 할 시기였다. 천여 명의 교인을 상대로 목회하다가 난데없이 수만 명이 운집하는 교회의 문제를 몇 명의 위원과 수습하려고 하니 너무나 힘에 겨웠다. '이러다가 건강이 나빠지는 것이 아닐까?' 하는 초조감에 시달릴 정도였다. 그때의 일을 <마라톤 목회론>에서 아래와 같이 서술하였다.

"2004년도 들어서 필자는 대단한 스트레스를 받게 되었다. 필자의 노회에 속한 영락교회가 2~3년 동안 내홍을 겪다가 자체적으로 해결할 수 없는 지경에 이르자 결국 노회에서 '수습전권위원회'를 구성했다. 어쩌다 보니 중견 노회장 중 어른 축에 속한 내가 부득불 위원장직을 맡게 되었다. '수습전권위원회'의 가장 우선적인 역할은 '화해를 통한 수습'이었다.

처음에는 광성교회와 같은 사태를 만나서는 안 된다는 공감대가 형성되면서, 1월 27일 갈등 당사자 간 화해안을 만들었다. 상당히 순조로웠다. 이 사실이 기독교계 신문에도 대대적으로 보도됐다. 그러나 몇 가지 합의사항이 걸림돌이 되면서 7개월 동안 당회나 교회가 정상화되지 못했다.

가장 괴로운 것은 이편을 겨우 설득해 놓으면 저편이 반대하고, 저편을 달래는 과정에서 몇 번 접촉하다 보면 이편이 저편에 기울어 있다며 비난하는 것이었다. 수습 과정에서 절감한 사실은, 수습위원장이 공정의 원칙을 지키려고 할 때에는 어느 편이든 환영받지 못한다는 점이다. 당회원 사이에서 출발한 갈등은 급기야 평신도로 번졌다. 당회원끼리 겨우 화해를 이루었는데 이번에는 평신도가 반대하고 나선 것이다. 온 교회가 분쟁의 기운으로 가득하게 됐다.

사방에서 걸려오는 수없는 전화에, 연락도 없이 시도 때도 없이 찾아와 자기주장을 퍼부어대는가 하면, 홈페이지에는 수습전권위원회나 노회에 대해 노골적인 비난이 담긴 글들이 쏟아졌다. 30년 목회 기간 중 나는 어느 누구에게도 이런 비난을 받지 않았는데 황당하다 못해 황망하기까지 했다. 이런 일을 당하니 어느 때엔 잠도 오지 않고 나중에는 누구를 만나도 쉽게 화부터 내고 있는 자신을 발견했다. 그러면서 '이러다가 큰 병을 얻는 것이 아닐까?' 하는 두려움마저 생기게 되었다.

어느 때는 진퇴양난에 빠져 위원장직을 사임할 수밖에 없다고 느낀 때도 있었다. 그러나 그때마다 하나님께 전적으로 맡기고 그 역사하심을 바라보고는 했다. 그러면 하나님이 막혔던 문제에 길을 열어주시고 비난하던 이들을 동조자로 만들어주시는 사실을 발견했다. 마침내 7월 말로 수습당회와 제직회에서 화해안을 도출해냈다."

위기마다 출애굽기 14장 13절에 나온 "가만히 서서" 하나님께 맡기고 그분의 역사하심만 바라봤다. 자신이 무엇을 해야 한다는 강박에 모든 힘을 쓰다가 탈진해서는 안 된다. 하나님께 전권을 맡기고 그 분이 역사하시는 현장을 바라봐야 한다. 모든 문제가 풀리는 간증의 삶이 열리고, 몸과 정신이 건강해지는 은혜를 체험하게 된다.

> "모세가 백성에게 이르되 너희는 두려워하지 말고 가만히 서서
> 여호와께서 오늘 너희를 위하여 행하시는 구원을 보라."
>
> (출애굽기 14장 13절)

### 측근을 우군으로 만드는 법

교회 분규의 대부분은 담임목사를 지근거리에서 도왔던 측근으로부터 비롯된다. 서울노회 내 많은 교회의 수습위원으로 활동했을 때 경험에 의하면, 상당수의 목회자의 문제는 측근, 즉 가장 가까웠던 당회원이나 부교역자, 혹은 교회 직원에 의해 불거졌다는 점이다.

사실, 목회를 하다 보면 외부적으로 모두 밝힐 수 없는 사안들이 허다하다. 가령 당회에서 어느 교인의 부도덕한 문제나 책벌을 논의하는 경우, 이 이야기가 밖으로 새나가서는 안 된다. 이뿐인가. 교회 문제를 당회원 몇 명과 사전에 의논하기도 하고 목회자도 자신이 어려움을 만났을 때 유력한 당회원과 상담할 때가 있다. 이와 관련해 <마라톤 목회론>의 일부분을 인용한다.

> "부산에서 개척해 제법 큰 교회로 성장시킨 친구 목사의 이야기다. 그는 성격이 다소 직선적인 탓인지, 장로에 대한 불만을 곧잘 부교역자에게 털어놓고는 했다. 그러는

중 교회가 시험이 들어 친구 목사에 대한 반대 기운이 일기 시작할 때에 교회분열의 결정적인 불씨를 던진 자가 바로 그 부교역자였다. 친구 목사로부터 많은 사랑을 받았음에도 장로에게 전부 고자질한 부교역자는 교회를 걷잡지 못할 싸움판으로 만든 장본인이 됐다. 결국 사태는 친구 목사가 교인 일부와 새롭게 교회 설립하는 것으로 끝났다."

자고로 인간관계에는 끝없는 오해와 시험의 올무가 있는 것이다. 이때 목회자가 할 일은, 모든 자에게 온유와 예의로 대해야 하는 것이다. 따라서 교인을 너무 가까이 하지도 말고 너무 멀리 하지도 말아야 한다. 너무 낙담할 필요는 없다. 배신은 예수님도 당하신 바다.

물론 목회자가 마음에 새길 것이 있다. 교회 직원이나 교인을 함부로 대해서는 안 된다는 점이다. 지도자는 누구나 예禮로서 대해야 한다. 그것은 군주의 할 일이기도 하다. 사서오경四書五經에 '군주는 예로서 신하를 다스리고 신하는 군주를 충성으로 섬겨야 한다'軍事臣以禮 臣事君以忠라고 했다. 존경과 신의로 다가오는 모든 교인을 목회자는 온유와 겸손의 예로 대해야 한다.

어떤 목회자는 지체 높은 집에서 자란 탓인지, 자기 목회 돕는 사람을 '아래 것들'로 취급하면서 함부로 대하기도 한다. 그러면 상대는 겉으로 "예, 예"하면서 복종하는 것처럼 보이지만 뒤에 가서는 불만을 토로하거나 욕을 내뱉기 일쑤다. 아무리 낮은 자리에 있어도 자존심만은 살아있는 게 인간이다.

그런 의미에서 나는 아버지가 도장포에 농사짓는 가정에서 성장했고, 학보병으로서 일등병 계급으로 제대했기에 누구에게 큰 소리 한번 쳐보지 못하고 살았다. 이 때문인지 교회에서 부교역자나 직원, 관리인이나 주방장, 운전기사에게 함부로 대하지 않았다. 그들이 혹 실수를 범할 때라도 당회 앞에서 열심히 변호했다. 이 때문에 당회원에게 '목사님은 너무 직원을 끼고 돈다'라는 불만을 사기도 했다. 직원 중 한 분은 자신에게 잔소리하는 장로에게 '나는 담임목사님의 말 외에는 안 듣습니다'라고 말한 일도 있었다. 나는 나중에 조용히 그를 불러 '그 말씀은 제게도 도움이 안 됩니다'라고 타일렀다.

> "아무 일에든지 다툼이나 허영으로 하지 말고
> 오직 겸손한 마음으로 각각 자기보다 남을 낫게 여기고."
>
> (빌립보서 2장 3절)

## 종말론을 머릿속에서 지우자

목회 40년을 되돌아보면 후회되는 점이 한두 가지가 아니다. 그중의 하나가 '종말론'에 너무 심취해 목회에 전념하지 못한 점이다.

목회 초기에 가장 소홀히 취급했던 성경이 '요한계시록'이다. 아무리 해석하려고 해도 너무 난해하고 이 주석, 저 주석을 읽어도 명쾌하지 않았다. 설교 본문을 택하는 경우는 고작해야 2~3장에 나오는 일곱 교회 이야기나 장례예배용으로 20~22장의 '새 하늘 새 땅'을 거론할 때였다.

그러다가 1976년 우연히 세대주의 종말론자 홀 린세이[Hal Lindsey]가 저술한 〈신세계의 도래〉를 서점에서 만났다, 계시록을 현대 세계정세에 맞추어 해석한 내용이었다. 한 장 한 장 퍼즐처럼 흩어졌던 의문들이 명징하게 맞춰졌다. 순식간에 독파했다. 더 궁금해진 나머지 유사한 주장들을 담은 책을 추가로 사서 탐독했다.

책들은 구약 묵시문학서인 다니엘서와 에스겔서, 예수님의 종말론이 담긴 마태복음 24장, 나아가 노스트라다무스나 진 딕슨[Jeane Dixon] 같은 예언가의 주장을 한데 엮어 미래 세계를 전망해줬다. 가장 충격적인 부분은 계시록이 강하게 예언하고 있는 적그리스도에 대한 적나라한 해석이었다. 요한계시록 13장 1절에는 적그리스도를 뿔이 열이요, 머리가 일곱이라고 말한다. 내가 만난 계시록 해설서는 뿔을 정치적인 힘을 상징하는 것이라고 하더니 적그리스도가 다스릴 10개 연방국이 실체라고 했다. (이는 당시 유럽경제공동체 ECC, 오늘날 유럽연합 EU를 가리킨다.) 연방국의 지도자는 모든 인간의 이마에 짐승의 표인 666을 박아 역사상 가장 잔인한 독재를 행사하는 적그리스도라고

도 했다. 요한계시록 16장이 예표豫表하는 '아마겟돈 전쟁'은 이 적그리스도의 주도로 이뤄질 것이라고 덧붙인다.

이 같은 소름이 끼치는 해석은 세기말 분위기와 맞물려 꽤 힘을 얻었다. 나도 만약 선을 넘었다면 '시한부 종말론자'가 될 수 있었을 것이다. 예수님 승천 이후부터 종말의 때를 알려는 시도는 끊임없이 있었다. 그러한 시도에서 가장 많이 인용되고 있는 구절이 32절에서 34절이다. "무화과나무의 비유를 배우라 그 가지가 연하여지고 잎사귀를 내면 여름이 가까운 줄 아나니 이와 같이 너희도 이 모든 일을 보거든 인자가 가까이 곧 문 앞에 이른 줄 알라 내가 진실로 너희에게 말하노니 이 세대가 지나가기 전에 이 일이 다 이루리라"

분명히 다음 절(35절)에 "그 때를 아무도 모른다"라고 했음에도 시한부 종말론자들은 무화과나무를 이스라엘로, 가지가 잎사귀를 낸 것은 이스라엘 독립이 이루어진 1948년으로 해석했다. 그리고 성경에서 말하는 한 세대는 40년이라고 풀이했다. 그래서 나온 것이 1988년 종말론이다.

그런 종말론에 깊이 심취해 재림 시기가 임박했음을 강조했어도 나는 '그때'를 언급하지 않았다. 다만 속으로는 은퇴하기 전일 것이라는 절박감을 갖고 있었다. 그 영향 때문에 총회 은퇴 연금에 가입하는 것을 주저했다. 그러나 1988년 말고도 시한부 종말론자가 주장했던 1992년, 2000년, 2012년이 모두 무사히 지났다. EEC 10개국을 통해서 적그리스도가 등장한다고 했는데 지금은 EU에 가입한 국가가 총 27개국이나 됐다. 그들 주장에 혹했던 나 자신이 한심하게 느껴졌다.

무엇보다 언제 주님이 오실지라도 항상 깨어 성실하게 미래를 대비했다면 목회의 열매가 더 풍성해지지 않았을까 하는 아쉬움이 크다. 그런 면에서는 "내일 지구가 멸망할지라도 나는 한 그루의 사과나무를 심으리라"고 단언했던 스피노자의 말이 가슴에 젖어온다. 종말은 기습전쟁 같은 것이 아니라, 영글어 맺히는 열매처럼 선물같이 다가오는 순리임을 잊지 말아야 할 것이다.

> "이러므로 너희도 예비하고 있으나 생각지 않은 때에
> 인자가 오리라."
>
> (마태복음 24장 44절)

## 목회 망치는 기복주의

40년 목회 중 후회되는 것 또 하나는 '지나치게 성공과 복을 강조해오지 않았나' 하는 점이다. 때는 압축성장기와 맞물려 번영신학이 주류를 이룰 시기였고, 당시에 교회 부흥과 성장은 곧 양적 팽창과 동의어였다. 1975년 10월 35세 나이로 개척교회나 다름없는 홍익교회에 부임한 후 나는 교회를 성장시켜야 한다는 욕망이 컸다. 노회 내 서울 소재 42개 교회 중에 끝에서 세 번

째로 작았고 110평 정도의 대지 위에 세워진 30평의 낡은 교회당과 사택이 건물의 전부였다.

교회당에 오려면 버스정류장에서 15분 정도 언덕으로 올라가야 했다. 그 언덕도 한양대학교 부지가 대부분이어서 방치된 채 쓰레기 동산이 돼 있었다. 교인들이 모여들기에는 너무나 불리한 환경이었다. 그런 탓인가, 부임하기 전 7년 동안 주일 장년집회 수가 50여 명 선에서 멈추어 있었다. 성장을 꿈꾸기에는 절망적이었다.

그래서 제일 먼저 한 일은 정상적인 교회 만들기였다. 몇 분이 자유롭게 기도해왔던 새벽예배를 본격적으로 시작하고, 금요기도회와 구역예배를 시작했다. 청년부를 중심으로 성경 공부도 시작했고, 기존 여전도회 외에 남선교회도 만들었다. 목회 방법도 교회 성장에 초점을 맞추었다. 내세를 소재로 했던 전임자와 달리 현세에서 도움이 되는 긍정적인 신앙, 영적 능력에 초점을 맞추어 설교했다.

부임 당시엔 교인 대부분이 가난했다. 교회 부근인 산동네나 청계천 변 판자촌에 대부분 모여 살았다. 그런 때문인지, 전임 교역자는 가난한 교우나 환자를 심방하면서 이불 밑에 돈을 두고 오는 것이 다반사였다. 그렇게 길들어진 탓일까. 받는 것은 당연시하면서도 더 어려운 사람에게 나누는 것을 몰랐다.

그때부터 나는 "은과 금은 내게 없거니와 나사렛 예수 그리스도의 이름으로 일어나 걸으라"(사도행전 3장 6절)고 외치던 베드로와 요한의 목회 방법을 실천하기로 결심했다. 어느 주일 아침에 열왕기상 17장에 나오는 사르밧 과부를 소재로 설교했다. 한 끼뿐인 밀가루와 기름만 가지고 있는 사르밧 과부에게 엘리야가 "먹을 물과 떡을 가져오라"고 명령했다. 인간적으로 볼 때는 삯군 목자의 모습이 아닐 수 없었다. 그럼에도 엘리야가 그런 몰인정한 명령을 한 이유가 무엇인가? 과부로 하여금 3년 이상의 가뭄 속에서도 살 수 있는 기적의 밀가루통과 기름병을 받게 하려는 것이었다. 우리 교우에게도 이제는 만년 가난을 박차고 일어날 수 있는 믿음이 필요하다고 강조했다.

그러면서 대심방 때 심방대원에게 물 한 잔, 라면 한 그릇이라도 대접하고 정성껏 심방 헌금을 바쳐보라고 강조했다. 남에게 만 원 한 장도 제대로 꾸지 못하는 소극적 성격의 나인데 '대접하라' '헌금 바치라'는 설교를 외친 것이다. 차마 교우 눈을 못 마주쳤다. 혹여 가난한 교우가 마음의 상처를 받지 않았을까, 아니면 내가 욕심 많은 목회자로 비치지 않을까, 은근히 걱정됐다. 그래서 그런 설교하기 전에는 그 어느 때보다 더 많이 기도하고 설교 준비에도 심혈을 기울였다.

그뿐 아니라, 우리 가정부터 나누어주는 모습을 보여주려고 했다. 교회 안에 주방 시설이 없던 때라 주일 늦게까지 수고하는 교사나 봉사자를 위해 식사 대접을 했다. 박봉인 현실에서 처음엔 큰 부담이었다. 그러나 나중에는 많은 가정이 웅크렸던 손을 펴고 점점 남을 섬기는 모습을 보였다. 그렇게 대접하면서 얼굴에 환한 기쁨이 피어나고 생활 면에서도 변화가 일어나 월세에서 전세로, 전세에서 자가로 발전하는 등, 교인의 삶이 윤택해지는 것을 발견할 수 있었다. 아울러 교인 수가 많아지고 많은 인재가 모여들었다.

  그러나 '물질의 복'에 방점을 둔 목회를 이어가는 동안, 거지 나사로같이 연약하고 소외된 교인이 상처받고 있음을 뒤늦게 알았다. 특히 열심히 기도하고 충성하는 교인 중에도 그런 분들이 적지 않다는 사실을 깨닫게 됐다. 그들은 나름 신실한 신자라는 자부심이 있음에도 사업이 위기를 만날 때, 자녀 진학이나 취업이 부진을 겪을 때, 심신이 점점 병약해 갈 때, 부부관계 등 가정이 위기에 봉착할 때 '하나님이 나를 외면하고 계신 것이 아닌가?' 하는 의구심에 시달렸다. '열심히 기도하고 충성했더니 많은 복을 받더라'라는 간증을 당당히 하고 싶은데 세속적으로 무엇 하나 내세울 것 없는 신세가 되자 극한의 시험에 든 것이다. 게다가 교인 중에 '지체장애'나 '난치병' 혹은 '치매'를 앓고 있는 식구가 있다는 것을 알게 되었을 때는 부끄러움을 금할 수 없었다. 그러므로 목회자는 성경이 말하는 복과 은혜를 바로 설교해야지, 기복주의라는 곁길로 빠지지 않도록 조심해야 한다.

  어느 해인가, 교회에 충성하던 교우의 시골집을 방문한 적이 있었다. 조립식 주택이지만 잔디로 잘 가꾼 정원 등 모든 것이 최상이었다. 그래서 "아니, 서울 아파트에 주로 살면서 여기 시골집은 왜 이렇게 많은 돈을 들여 꾸며 놓으셨는가?"라고 물었더니 돌아온 대답이 이랬다. 20대의 큰아들을 오토바이 사고로 잃었을 때, 부부가 너무 힘들어 이 시골집을 꾸미며 번뇌를 잊었다는 것이다. 아들이 보고 싶을 때면 부부가 일하면서 눈물 대신 땀을 흘리고 그래도 못 잊을 때면 기도했다고 한다. 그 고백을 듣는 순간, 각 가정의 실존적 어려움을 도외시한 나 자신이 많이 부끄러웠다. 아마 그 당시에도 강단에서 열심히 성공과 복을 강조했을 것이다.

왜 교인이 낙담하는가? 하나님을 믿으면 복 받는다고 설교하지만 그 복을 세속적 욕망 충족으로 이해하고 믿게 만들 때 그렇다. 기복신앙이 왜 잘못되었나? 세속적 욕망을 신앙의 열매로 규정하기 때문이다. 더 큰 문제는 설교자가 은연중에 기복적 설교를 하는 것이다. 하나님을 잘 믿으면 건강해지고 부자가 된다는 주장을 쉽게 하지 말라. 그 논리대로라면 몸이 약해지고 가난해지면 하나님을 잘못 믿는 것 아닌가? 교인이 신앙적 실패자로 취급받는 것까지 내다봐야 한다. 그런 식이라면 예수님과 사도 바울, 대부분의 선지자도 모두 실패한 인생이다.

진정한 기독교인이 된다는 것은 하나님 나라 백성이 되는 것이다. 나라가 바뀌면 법이 바뀌고 가치 기준 또한 달라진다. 하나님 나라의 가치는 분명 세상과는 다르다. 성경이 말하는 복은 하나님의 은혜로 사는 복이다. 하나님 나라에서는 누가복음 16장에 나오는 부자는 실패자요, 나사로는 성공한 사람이다.

마태복음 25장에는 등과 기름을 가져간 슬기로운 다섯 처녀

이야기가 나온다. 그들은 성공한 삶이다. 그러나 같은 장에는 사회적 약자인 주린 자, 목마른 자, 나그네 된 자, 헐벗은 자, 병든 자, 옥에 갇힌 자가 거론된다. 그들은 실패한 삶일까? 시무하는 동안 성공과 복을 강조할 때, 성취 없는 삶을 사는 것에 더해 죄의식에 시달렸을 교인을 생각하면 너무나 송구스럽다. 하나님은 어느 누구도 소홀히 여기지 않으셨다.

### 불륜에 빠진 교인

한 교회에서 오래 시무하다 보면 대부분의 가정마다 각자 숨기고 싶은 비밀이 있다는 걸 알게 된다. 우연히 제3자를 통해 또는 불거진 사건을 통해 알기도 하지만, 어느 때는 담임목사가 그 비밀을 지켜줄 것을 철석같이 믿고 상담을 통해 숨기고 싶었던 아픔을 토로하기도 한다.

그 비밀 중 가장 많은 비중을 차지하는 것이 술, 담배 문제이다. "어떤 안수집사가 담배 물고 가는 것을 보고 충격을 받았습니다"라며 내 앞에서 '밀고'하는 교인이 있었다. 부인이 찾아와 "목사님, 우리 남편 좀 단단히 야단쳐주세요. 집사 된 지 벌써 10년이 됐는데 여전히 술 담배를 끊지 못합니다. 너무 속상합니다"라고 하는 경우도 있었다. '보안 유지'가 잘 되다가 중직 선출 시점에 불거지기도 한다. 술, 담배는 권할 일은 아니지만 딱히 책망할 일도 아니다. 이건 비밀 축에 끼지 않는다.

　부부 사이의 성적 갈등, 혹은 자녀 부부의 별거나 이혼은 개인의 영역이라고 치자. 일단 세상에 알려지면 본인, 나아가 교회 모두 민망해질 비밀이 있다. 교인끼리 돈을 꾸고 갚지 않는 뻔뻔한 중직의 모습, 교인 집을 찾아다니면서 다단계식 물건을 강매하는 경우, 사기에 가까운 행동으로 교인에게 큰 상처를 입히는 일, 교인 간 법정 송사, 중직이 개업하면서 고사를 지내는 것 등이 그렇다.

　무엇보다도 가장 충격적인 비밀은 교인의 성 비위이다. 서구 사회에서는 음란보다는 금전적 부정을 심각하게 취급하지만, 한국사회는 성 윤리에 위배되는 행위를 용납하지 않는다. 예나 지금이나 다르지 않다. 그래서 특정 제직이 이와 관련된 구설에 올랐다는 사실을 듣게 되면 그때부터 소화불량이 엄습한다. 그분이 내가 모른다고 생각하고 기도 많이 하는 척, 봉사 열심히 하는 척 위선을 떨 때면 그 분노는 두통을 부르기도 한다.

　교인들의 잘못된 행태를 접할 때, 30대나 40대에는 젊은 혈기로 즉각적인 대응을 하기도 했었다. 불러다 단호하게 충고하거나 강한 경고로 혼쭐을 내기도 했다. 당사자가 강하게 변명하거나 항의하면 증인들을 불러다 대질하는 경우도 있었다. 더 나가서는 당회원을 중심으로 치리회를 구성한 후 책벌하기도 했다. 그러나 결과에 자복하는 경우는 드물었다. 대부분 불복하고 다른 교회로 가거나 교인을 찾아다니면서 억울함을 호소했다.

이 과정에서 나의 흉을 봤을 것이다.

하지만 50대 이후부터는, 교회 안에서 나쁜 누룩 역할을 하지 않는 한, 섣불리 대응하기보다는 끝까지 비밀을 품고 기도하며 기다렸다. 탕자 아버지가 비행을 저지르고 있는 현장을 찾아가서 눈물로 호소하거나 단호한 태도를 보이기보다 하나님께 간절히 기도하면서 기다리던 자세를 배우게 됐다. 새벽마다 강단에 엎드려 기도하며 그들의 연약함을 주의 손에 맡겨드리기를 멈추지 않았다. 그러면 놀랍게도 당사자는 돌아와 회개한다. 거의 어김없었다. 물론 기다리는 자세가 때로는 도덕성이 강한 교인들에게 우유부단한 목회자라는 인식을 주기도 한다. 그래도 확실한 해법은 하나님이 문제를 해결해주실 때까지 기다리고 기도하는 것이다.

### 죽 쑨 설교가 히트를 친 경험

준비과정부터 강대상에서 설교하는 시간까지 '죽 쑤고 있다'라는 생각에 진땀 나본 적이 있다. 나만의 특이한 경험인가 했더니 왕십리중앙교회 양의섭 목사도 그러했다. 다음은 양의섭 목사의 글 중 일부이다.

"말씀을 준비하다 보면 사전에 생각하고 의도(?)한 대로 되지 않는 경우가 있다. 고생해서 다 준비했는데 마치고 나서 살펴보니 '내가 말하려고 한 것이 이게 아닌데'라고 할 때다. 그렇다면 토요일 늦은 시간에 이르렀어도 주저 말고 처음부터 다시 시작한다. 그런데 어느 순간 이런 성령의 감동이 마음을 파고든다. '설교는 하나님이 말씀하는 것이고 성령의 감동 속에 너의 마음과 글을 그렇게 끌어가셨는데 그러면 그대로 전해야 하는 것 아니냐?'

지난 주일 설교도 그러했다. 내가 의도한 것과는 조금 다른 내용의 설교를 했다. 고민은 됐지만, 그대로 했다. 설교를 들은 어떤 분이 눈물을 펑펑 쏟는다. '너무 사는 게 힘들었어요. 이 생각 저 생각하다가 험한 생각도 했어요. 그런데 설교가 시작되자마자 나에게 말씀하시는 거란 느낌이 들며…'라면서 말을 잇지 못했다."

언제인가, 나도 비슷한 경험을 한 적이 있었다. 첫 문장을 쓸 때부터 마음에 들지 않았다. 그렇다고 이미 주보에는 설교에 쓰일 성경 본문과 제목이 인쇄돼 있는데 바꿀 수도 없는 노릇이었다. 또 다시 작성할 여력도 없었다. 주일 강단에 섰으나 마음에 들지 않은 설교였던 탓인지, 자주 말이 헛나가는 등 진땀을 흘리며 마쳐야 했다. 자신 없게 설교한 탓인지 예배 후 현관에서 교인들과 악수할 때 나를 실망의 눈빛으로 바라보는 것 같았다. 사택에 돌아와서도 침울함을 지울 수 없었다.

2000년대 중반, 홍익교회 주일예배

그런데 놀라운 일이 벌어졌다. 그 주간 어느 가정에 심방했을 때 이런 이야기를 들은 것이다. "목사님, 지난 주일은 너무나 감사했습니다. 그날 아침은 너무 괴로웠습니다. 남편과 이혼할 수밖에 없다는 마음을 굳히던 상황이었거든요. 그래도 예배 후에 최종 판단하자는 생각이 들었고 교회로 나섰습니다. 그런데 목사님 설교가 놀랍게도 제게 주시는 주님의 말씀이라는 생각이 강하게 들었고 내내 울었습니다. 그리고 그 말씀대로 살기로 결심했습니다." 그 고백을 듣는 순간, 침잠됐던 마음이 벅찬 감격으로 바뀌었다.

그러면서도 동시에 하나님에 대한 두려움을 느꼈다. '때로 내가 설교를 준비하고 전하는 자세가 하나님이 아니고 내 중심이 아니었을까?' 하는 생각 때문이었다. 그러면서 하나님은 영적 갈급함 없이 설교를 듣는 수백의 사람보다도 목마른 심령을 더 찾고 계신다는 깨달음이 느껴졌다. 그렇지 않은가? 예수님도 어느 곳에 가시든 수많은 인파 중에 영적으로 가난한 사람을 찾고 계셨던 것이 아닌가? 여리고에 가셨을 때 수많은 인파 중에서 누구를 찾으셨는가? 예수님을 만나보고 싶지만 키가 너무 작아 나무에 올라갔던 삭개오 아닌가? 삭개오가 보내고 있는 영적 갈급의 전파가 예수님의 레이더에 포착된 것이다. 세관에 앉아 있었던 마태, 길가에 있던 바디매오, 우물가의 사마리아 여인, 혈루증 앓던 여인, 베데스다 못가 중풍병자 등 예수님의 전기인 복음서는 왜 그들에 초점을 맞췄는가?

그러므로 목회자는 설교 준비하는 과정에서부터 하나님께 기도하기를 "하나님, 우리가 사람의 귀만 즐겁게 하는 설교보다 하나님이 원하는 말씀을 준비해 영적으로 갈급한 자들에게 전하게 하소서. 우리는 주님의 도구요, 메신저가 되기를 원합니다"라고 해야 옳다. 그렇다면 인간의 입으로는 하염없이 저렴한 설교여도, 하나님이 귀하게 쓰셔서 사람을 감화시킬 것이다.

양의섭 목사의 글은 이렇게 맺고 있다. "하나님께서 우리의 형편을 살피며 우리에게 말씀하신다. 주일예배 때마다 열린 마음을 갖고, 아이와 같은 순수한 영성으로 예배에 임할 때, 찬송을 통해, 기도를 통해, 그리고 말씀을 통해 하나님께서는 우리에게 말씀하신다. 결코 내 사정을 모르거나 외면하는 하나님이 아니다. 이런 하나님의 큰 관심이 우리 성도들에게 향해 있다."

책 읽는 목사여야 좋은 교인을 곁에 둔다

나의 독서 습관은 마구잡이라고 해도 과언이 아니다. 첫 장부터 마지막 장까지 차분하게 읽는 게 아니라, 여러 권의 책들을 펼쳐놓고 이것을 읽다가 저것을 읽는 식이다. 그러므로 이것저것 아는 척은 많이 하지만 제대로 아는 것이 별로 없다. 이런 나쁜 독서 습관은 중학교 때부터 형성되었다.

왜 그랬을까? 우리 가정은 6남매 학비 대기도 바쁜 형편이라 교과서 외의 책을 사준다는 것은 상상도 할 수 없는 일이었다. 그런 형편에 종종 고등학교 다니는 형이 친구나 학교 도서실에서 이광수의 <흙>, <무정> 같은 소설을 빌려오면, 형이 집 비운 사이에 순식간에 읽어버렸다. 그러다가 중학교 3학년 때인가, 우리 학교에도 도서실이 생겼다. 기쁘다 못해 감격적이었지만 문제는 읽고 싶은 책이 너무 많다는 점이었다. 그리하여 매일 빌려다가 대충 읽고는 반납하는 일이 반복되다 보니 남독이 습관으로 굳어진 것이다.

고등학교 시절, 형은 초등학교 교사가 됐다. 어느 날 도스토예프스키의 <죄와 벌>이라는 소설을 구입해 서가에 꽂아 놓았다. 그 책은 어려웠다. 읽을 책이 없을 때나 손을 댔는데, 어려운 대사, 사설이 긴 문장을 껑충 뛰어 읽어버리고는 했다. 뜻을 제대로 헤아렸을 리 없다. 그래서 그 책을 서너 번이나 읽은 것 같다. (이를 계기로 나는 도스토예프스키의 팬이 됐다. 그리고 대부분의 작품을 읽기도 했다.)

무엇이 그리 급한지 항상 빠르게 대충 읽는 것이 습관이 되었다. 이런 식의 독서 방법은 대학 가서도 변하지 않았다. 대학 입학하는 날, 제일 먼저 달려간 곳이 도서관이었다. 거기에는 평소 읽고 싶었던 책들이 빠짐없이 소장돼 있었다. 4년 동안 엄청난 양의 책들을 읽어댔다. 그러나 칸트나 헤겔, 하이데거 등의 책들은 정독해도 이해가 될까 말까 한 난해한 내용들이었다. 부실한 번역도 문제였다. 그래서 어느 부분은 몇 번이고 반추하며 읽었다. 껑충 뛰어넘어간 것도 적지 않았다. 게다가 명저에 내 손때를 묻히는 것도 만족스러운 일이었다.

남독의 습관은 1967년 봄, 장로회신학대학에 입학한 뒤에도 변함없었다. 박정희 군사독재정권이 장기집권을 획책하고 있을 그때, 캠퍼스 안팎은 데모가 잦았고 자연적으로 휴강이 많았다. 신학 과목은 대부분 서론만 듣다가 끝나기 일쑤였다. 이러다 보니 책을 가까이 할 시간적 여유가 많았다. 독서량도 상당했다. 하지만 그것이 지적인 충족감을 부르지는 못했다. 거꾸로 겉핥기식의 독서로 스스로를 기만하는 것 아닌가 하는 개운치 못한 뒷맛만 남겼다.

그나마 독서를 가장 보람 있게 한 시절을 꼽는다면 7년 농촌교회 시절이다. 100여 명이 모이는 농촌교회였고 사택엔 텔레비전조차 없었다. 길고 긴 낮과 밤이었다. 무료한 시간은 자연스럽게 책을 펴게 만들었다. 이때 독서의 질이 높아졌다. 가난한 교회의 교역자 사례비란 뻔한 것이어서 책을 많이 구입할 수 없어 모처럼 사온 책들을 깊이 독파했다. 예컨대, 라인홀드 니버, 마틴 루서 킹, 칼 바르트, 루돌프 불트만, 디트리히 본회퍼, 존 로빈슨, 헨드릭 크레머, 폴 아브레흐트, 윌리암 호던 등의 책이었다.

여전히 서재에 꽂혀 있는 그 책을 다시 들여다보니 장마다 밑줄과 메모가 발견된다. 깨알 같은 필체를 보니 신학교 졸업 후 유학 떠난 동기들에 밀릴 수 없다는 경쟁심이 반추된다. 이렇게 귀한 책을 다 읽고 났을 때의 감격이 훈풍처럼 온몸에 불어닥친 기억도 새로웠다. 이 경험은 훗날 목회나 저술 활동을 할 때 큰 밑거름이 됐다.

1975년 늦가을부터 도시로 임지를 옮겨 목회활동을 이어갔다. 도시는 여유를 허용하지 않았다. 농촌에서만큼 독서할 시간을 허락하지 않았다. 늘 쫓기게 했다. 교회의 몸집이 점점 커지면서 여유 또한 점점 줄어들었다. 설교나 성경 공부의 횟수가 많아지고 여기저기서 청탁해 오는 원고작성에 숨 고를 시간도 없었다. 자연적으로 독서 방향도 그때그때 필요한 분야에 치우친 땜질식 독서가 될 수밖에 없었다.

게다가 그곳은 달동네였다. 설교의 방점은 '도우시는 하나님'이었다. 이에 따라 서점에 가면 먼저 찾는 책들이 기도나 성령,

종말론에 관한 것이었다. 그러다 보니 서재에 있던 즐비한 문학 서적은 거의 손대지 않았다. 물론 화제의 서적 또는 베스트셀러를 구입하기도 했다. 하지만 끝까지 읽지 못한 것이 적지 않았다. 때로는 목회적으로 가장 여유가 있는 겨울에 큰마음 먹고 '세계문화사'나 '동양문화사'가 만든 전집류의 책들을 구입해 읽기 시작했지만 끝맺지 못하기 일쑤였다. 그것이 도시목회의 한계였다.

나는 1990년 초반부터 컴퓨터를 이용해 설교를 포함한 모든 문서를 작성했다. 만년필로 노트나 200자 원고지에 기록하던 목회 초기와 비교하자면 '상전벽해' 수준이다. 컴퓨터를 인터넷 망으로 연결하면 모든 자료를 마음대로 수집하고 연구하며 가공할 수 있다는 것이 나로서는 혁명이었다. 만약 나에게 30대부터라도 이런 문명이 허용됐더라면 더 많은 저술이 가능했을 것이다. 그러나 컴퓨터는 독서 시간을 앗아가게 만들었다.

도시목회 초기, 필요한 책을 구입하여 이용할 부분만 읽는 맥락 없는 독서를 했을지언정 책을 대하는 시간은 많았다. 독서는 비록 일방의 메시지지만 저자와 대면해 그의 사상을 전해 듣고 무언의 대화를 나누는 과정으로서 유용하다. 그러나 이제는 대부분의 시간을 모니터에 몰입하고 있으니 찰나의 만남, 편린의 주장만 머리에 남을 뿐이다. 우리의 지성, 지혜도 짧아져가고 있다는 생각이다.

# 제3부

## 노년목회 여담

## 교회 망치는 원로목사 누구인가?

지금 한국교회는 또 하나의 새로운 풍속도를 그리고 있다. 원로목사와 담임목사의 갈등이 바로 그것이다. 6·25 한국전쟁 때 대거 월남한 목회자 교인들에 의해 한국교회는 괄목할 성장을 했다. 고향과 정든 교회를 빼앗긴 그들이 도처에 진력을 다해 교회를 세움으로써 남한 교회는 기하급수적으로 커졌다. (일찌감치 공산체제에 반대하고 38도선 이남으로 내려온 그들은, 분단 이후 민주주의가 질식할 때에도 신앙의 자유를 지키기 위해 남한정부가 흔들려서는 안 된다며 애국반공의 기치를 들었다. 그들에게 여전한 트라우마는 '공산화에 의한 신앙 자유의 박탈'이다.)

그러나 '70세 정년'을 못 박은 원로목사 제도가 도입된 1970~1980년대 이후 한국교회 곳곳에서 파열음이 들렸다. 전 생을 바쳐 이룩한 교회에 대한 애착심이 지나친 원로목사가 새로 부임한 담임목사와 마찰을 빚는 것이다. 어느 의미에서 자연스러운 일일지 모른다. 이젠 의약의 발달로 한국인 수명이 길어졌고, 70대 상당수는 청년회원과 높은 산을 오를 정도로 팔팔하다. 일반의 관점에서 보자면 통상 은퇴 연한을 훌쩍 넘긴 70세에도 목회 일선에 남고자 하는 것이 노욕으로 비칠 수 있다. 그러나 목사는 자신의 생명과도 다름없는 교회에서 본의 아니게 은퇴해 뒷방 늙은이 취급당하는 현실에 노여워하기도 한다. '고려장'이라며 자조하는 이들도 있다.

이 노여움이 교회를 두 쪽 나게 하기도 한다. 광성교회에서는 원로와 후임의 갈등으로 결국 양분되고 법적 분쟁으로 이어지는 추태가 발생했다. 이후 크고 작은 여러 교회에서 비슷한 분쟁이 이어졌다. 원로가 이기기도 하고, 후임이 이기기도 한다. 그러나 이것은 전조이다. 원로목사 수는 갈수록 증가하고 있는 추세이다. 갈등 수습을 위한 해결책이 필요하다.

원로목사와 후임목사 간 갈등의 원인 중 하나가 한국사회가 공의보다는 인정에 약하다는 점이다. 표면적으로는 옳고 그름을 따진다. 그러나 본질은 지연, 학연, 혈연을 따지는 문화다. 같은 고향, 같은 학교 출신, 같은 일가라는 이유로 할 수 없는 일도 할 수 있게 만드는 것이 한국사회다.

원로는 기본적으로 한 교회에서 20~30년 장기목회해야 가능하고, 그렇다면 교인 각 가정의 온갖 애환을 함께하며 끈끈한 정으로 결속돼 있다고 봐야 한다. 결혼 주례, 돌, 유아 세례, 자녀 합격 기원, 가족의 사고와 입원, 부모 장례 등 온갖 애경사에 동참하면서 한 식구나 다름없는 존재가 된다. 그런 끈끈한 정은 설교를 구태의연하게 해도, 짜임새가 없이 목회행정을 해도, 성장이 되지 못한 채 여러 해가 흐를지라도 문제제기 할 수 없게 만드는 것이다. 더욱이 그 목사의 안수 하에 안수집사, 권사, 장로가 됐다면, 때론 못마땅한 일이 있더라도 감히 직언이나 쓴소리를 할 수 있겠는가?

이 와중에 새로운 담임목사가 부임한다. 우유부단하던 원로와 달리 화려하고 명쾌한 설교에, 날로 부흥 성장하는 교세에 잠시 신이 난다. 그러나 그것도 잠깐, 담임목사가 전도폭발, 총동원주일 등 가시적 이벤트 위주로 목회하면서 점점 스트레스가 쌓인다. '교인은 과연 목사의 성취를 위한 도구인가?'라는 생각이 들기도 한다. 게다가 담임목사가 자기 방을 으리으리하게 꾸미고, 무슨 예식 때에는 화려한 박사 가운 입기를 즐겨하며, 교회돈으로 구입한 승용차가 교인 수준에 비해 너무 고급스럽고, 강단에서의 모습과 달리 일대일로 만났을 때 차갑고 이중적인 인격을 보게 되면, 도시의 차가움에 지친 사람이 고향의 포근한 맛을 그리워하듯, 무능한 것 같아도 한없이 포용해주던 원로목사의 품이 새삼 그리워진다. 여기서부터 위기다. 금 가기 시작하는 지점이다.

　빛이 강하면 그늘이 진하듯 강한 지도자 밑에서는 반대 측도 생기기 마련이다. 담임목사에게 불만인 교인이 원로목사를 찾아가 사안의 앞뒤를 생략하고 말을 보태 떠든다. 크게 다르지 않은 레퍼토리다. 교인과의 불화, 독단적인 결정, 방만하고 사치스러운 재정 운영, 그리고 이런저런 미확인 추문을 나열한다. 이때 원로목사가 '그래서야 되는가?'라는 한마디만 해도 문제는 증폭한다.

　이 교인은 교회에 돌아가 '원로목사님이 담임목사에 대해 대단히 노여워하더라'고 과장해서 퍼트릴 것이다. 이 말은 필시 담임목사에게 전달될 것이고 담임목사는 '아니, 목회를 맡겼으면 전적으로 일임해야지, 왜 노인이 일일이 간섭인가?'라면서 크게 화낼 것이다. 이 말은 또 어김없이 원로목사에게 전해질 것이다. 초기에 자주 찾아오던 담임목사가 발길 뜸한 점까지 오해할 근거가 된다.

　원로목사는 노여움이 폭발한다. '이름도 없는 자를 불러다 저만큼 키웠더니, 이런 식으로 은혜를 갚는가? 내가 새끼 호랑이를 키웠구나'라는 마음의 말을, 이 사람 저 사람에게 표출한다. 사탄만 신난다. 교회는 분쟁의 어두운 골에 깊이 빠져든다. 이 싸움에서는 아무 힘이 없어 보이는 원로목사가 우세하다. 앞서 이야기한 '인정' 때문이다.

　원로와 후임 간 갈등이 심화되면 결국 교회는 시험에 빠진다.

분열의 위기를 만난다. 심한 경우에는 후임이 사임하거나 법정으로 이어진다. 교회는 웃음거리가 된다. 안 된다. 원로목사가 진정 교회와 양떼를 사랑하거든 과감히 모든 간섭하고 싶은 욕망을 버려야 한다. 그래야 후임목사가 자기 능력을 마음껏 꽃피울 수 있는 것이다.

이스라엘 민족이 가나안 땅으로 진출하려 할 때, 하나님은 여호수아에게 대임을 맡기시고 모세를 데려가셨다. 만약에 모세가 여호수아에게 업혀 함께 가나안 땅에 들어갔다면 여호수아는 모세의 40년 권위에 눌려 지도력을 제대로 발휘할 수가 없었을 것이다. 더 나가 여호수아 지도력이 부진할 때마다 모세를 향한 민중의 쏠림현상이 강하게 나타났을 것임이 분명하다.

원로는 불만을 갖고 찾아온 이들 앞에서 후임을 변호하고 그의 목회를 도와주도록 권유해야 한다. 그것이 곧 교회의 유익이 되는 것이다. 원로를 잘 받들어 모시고 싶지 않은 후임이 어디 있겠는가? 한 가지 부언하고 싶은 것은 설교 문제다. 원로목사 중에 은퇴한 후 한 달에 한 번이든, 아니면 더 자주 설교하는 경우를 본다. 담임목사의 입장에서는 설교가 대단히 중요하다. 목회 중 수시로 선포해야 될 말씀이 있다. 성경을 연구하다가 또는 기도하다가 아니면 누구와 상담을 하다가 혹은 심방하다가 마음에 불붙는 말씀이 있다. 그것을 전하지 못하지 못하고 원로목사가 설교를 해버린다면 교회에는 손해가 된다. 주일 아침 설교에 은혜가 넘치면 한 주간 교인의 삶이 복되다.

속된 말로 설교를 죽 쑤고 나면 이상하게 여기저기서 시험의 기운이 싹트는 것을 발견한다. 그런 의미에서 담임은 깊은 기도 속에서 양떼를 살피며 필요한 자양분을 찾기 위해 애쓴다. 그런데 담임 대신 은퇴한 분이 그 시간을 차지해 버린다면 어찌될 것인가?

고 임택진 목사는 "저는 23년간 사역하던 청량리중앙교회를 은퇴하면서 분명히 공언하기를 '나는 이 교회 헌금의 의무는 하겠으나 출석의 의무는 안 하겠습니다'라고 했습니다. 그래서 좀체 안 갑니다. 작년에도 두 번 갔습니다. 잘 안 가는 이유는 담임 목사님에게 부담이 되기 때문입니다. 교인도 되도록 안 만나려고 합니다. 주례를 해준 교인들이 진심으로 '왜 아니 오느냐'고 아쉬워하는 말을 하지만, 목사는 들리지 않는 말도 들을 줄 알아야 합니다"라고 했다.

이 말속에 모든 해답이 들었다고 본다. 바울도 분파의 기운이 있는 고린도교회를 향해 권고하기를 "어떤 이는 말하되 나는 바울에게라 하고 다른 이는 나는 아볼로에게라 하니 나는 심었고 아볼로는 물을 주었으되 오직 하나님은 자라나게 하셨나니 그런즉 심는 이나 물주는 이는 아무것도 아니로되 오직 자라나게 하시는 하나님뿐이니라"(고린도전서 3장 4절)이라고 했다. 원로가 하나님께 전적으로 맡기고 교회를 향한 간섭을 줄이면 줄일수록 담임과 교회는 더욱 성숙하고 발전하게 될 것이다.

나는 홍익교회에서 32년을 목회한 뒤 유능한 후임자에게 목회를 맡기고 은퇴했다. 은퇴한 후에 교회로부터 멀리 떨어져 사는 것이 덕이 된다는 선배의 권유에 따라 서울시가 아닌 경기도 남양주시 덕소에 자리한 아파트로 이사했다. 어느 원로 목사는 은퇴한 후에도 매주 본 교회 예배에 참석하는 것은 물론이고 한 달에 한 번 설교를 한다고 한다. 심지어 어느 분은 원로목사실을 두고 사사건건 간섭함으로써 담임목사가 소신껏 목회하는 데 큰 걸림돌이 되고 있다고 한다.

아무리 자기의 전생을 바쳐 성장시킨 교회일지라도 그런 식으로 사역의 끈을 놓지 않는다는 것은 노욕이 아니겠는가. 사울 왕의 재판 아니겠는가. 하나님이 이루신 일을 자기의 업적으로 돌리는 교만의 모습이 아니겠는가. 나는 은퇴예배 때 마지막 인사를 하면서 교인에게 되도록 찾아오거나 전화하지 않도록 신신당부하고 대신 담임목사 중심으로 교회 발전에 힘쓰라고 진심을 담아 권고했다.

또한 앞으로 결혼 주례나 장례 집례는 물론이고 일절 교인들의 가정행사에 참여하지 않겠다고 공언했다. 다만 시무 때 충성했던 중직들 장례식에는 참석할 것이라 했다. 교인 입장에서는 30년 이상 맺어진 관계를 냉혹하게 끊는 모습에 섭섭함을 가질 수 있겠지만 후임목사 중심의 교회를 만들기 위해서는 어쩔 수 없었다. (지금은 온라인으로 아들이 담임목사로 있는 한국기독교장로회 벙커1교회 주일예배에 참여하고 있다.) 다만 담임목사 출타 요청이 있는 경우에만 설교한다. 사실, 정들었던 교회를 떠난다는 것은 매우 힘든 일이다. 그러나 젊음을 다 바쳐 이룩한 교회가 후임목사를 중심으로 더 성장 발전하는 일이라면 이 정도 고역은 아무 것도 아니다.

후임 담임목사 안착은 3년이 고비다. 처음 부임하고 3년은 허니문 기간이다. 그 기간에는 웬만한 허물이 보이지 않는다. 그러나 후임목사가 전임자 때보다 더 교회를 성장시켜야 한다는 부담감 때문에 3년 동안 너무나 밀어붙이는 목회 방법으로 일관하다 보면 교인은 지치기 마련이다. 그때 전임자의 여유 있던 목회 방법이 왠지 그리워지게 되면서 담임목사 지도력에 불만을 느낄 수 있다. 그때가 원로목사에게도 가장 조심할 때다. 한 해 두 해 지나면서 자신에 대한 교인의 관심이 멀어지면 섭섭해진다. 이때 교인이 찾아와 담임목사의 목회 방법에 대해 불만을 토하면 쉽게 동조하기가 쉽다. 안 된다. 그때 단호한 태도로 담임목사를 옹호해줘야 한다.

때로 원로목사 모임에 가면 자기 후임자에 대해 노골적으로 불평하는 분을 만나게 된다. 들어보면 대단히 하찮은 불만이다. '자기를 무시했다.' '누가 주례를 부탁했는데 담임목사가 반대해서 못 하게 되었다.' 따위다. 시무할 때는 상당히 대범하던 분이 어떻게 저렇게 옹졸해졌나 싶다. 인간의 나약함 때문이다.

그런 의미에서 보면 원로의 역할은 여전히 남아있다. 교회가 내 것이 아니라 하나님의 것임을 알고 침묵과 이해와 관용으로 후임자를 응원하는 것이다.

## 은퇴 후 설교했더니 이게 빠졌다

목회자가 현직에서 시무할 때는 기도를 많이 한다. 또 그래야 한다. 목회는 하나님이 주시는 능력으로만 감당할 수 있고 또한 열매 맺을 수 있기 때문이다. 그래서 신실한 목회자는 새벽부터 늦은 밤까지 골방이고 교회고 산이고 간에 기도가 일상화돼야 한다. 나의 무탈한 목회 40년 이유는 기도에 전력을 기울였던 것에 있다. 특별히 내가 목회한 교회는 가난한 사람이 대부분이요, 그들은 인력으로 쉽게 해결할 수 없는 문제(난치병, 사업실패, 가정불화 등)를 안고 살았다. 따라서 기도 없는 목회는 상상할 수 없었다. 그렇게 기도에 솔선하니 교회에도 기도의 불이 붙었다. 그에 따라 교회도, 교인도 성령에 불타는 모습을 생생하게 발견할 수 있었다. 많은 간증이 양산되는 것은 당연했다.

은퇴 후 어떻게 그런 엄청난 사역들을 감당할 수 있었을까 스스로 감탄할 때가 많다. 그렇다. 하나님이 붙들어주셨기 때문에 가능했던 것이다. 1991년 화재로 교회 본당 내부가 모두 타버리는 위기를 만났다. 온 교인에게 낙심과 시험이 닥칠 수 있었다. 그런데 이번엔 기도의 불이 붙었다. 그래서 단박에 복구뿐 아니라 증축까지 가능했다.

은퇴한 후에 다른 교회에서 설교 요청을 받았다. 그때면 시무했을 때 썼던 원고에 여러 가지 자료를 첨가한다. 많이 보완했으니 시무 때의 것보다 풍부하고 세련됐다고 볼 수 있다. 그럼에도 반응은 신통치 않았다. 나중에 알았다. 기도의 뒷받침이 매우 부족했던 것이다. 간절할 게 없었다. 더 이상 교회 성장에 대한 압박도 없고, 수시로 엄청난 문제를 안고 와 가슴 아프게 만들던 교인도 없다. 당연히 기도할 일도 적었고, 간절함도 덜했다.

사도행전 9장을 보면 베드로가 이방인 고넬료 가정에서 설교할 때 듣는 모든 자가 성령을 체험했다. 놀라운 역사가 발생한 것은 당연했다. 그러나 그것이 저절로 생긴 기적인가? 방문 전 베드로는 지붕에 올라 불타는 기도를 했다. 하나님이 능력을 부어주신다면 연령은 아무 문제가 안 될 것이다. 다윗이 천하장사 골리앗과 맞섰을 때가 고작 17~18세에 불과했다. 문제는 나이나 상황에 관계없이 하나님 앞에 붙들림을 받느냐, 아니냐에 달려 있는 것이다.

모세가 히브리 백성을 이끌고 나올 때가 팔순이다. 나와 같다. 그러나 그 모세는 나설 때와 물러날 때를 알았다. 느보산에서 그처럼 그리던 희망의 땅을 바라보면서 얼마나 안타까웠겠는가? 그래서 '자기도 들어가게 해달라'고 밤새도록 하나님께 간구할 수 있었을 것이다. 하나님도 차마 거절할 수 없었을 것이다. 엄청난 업적을 남겼고, 불타는 갈망을 가진 모세는 자격이 충분했으니까.

노욕에 찌든 추한 모습으로 후배에게 비춰지는 것은 모두에게 불행이다. 지금 많은 교회가 원로목사로 인해 분규를 겪으며 사회로부터도 지탄받고 있다. 아무리 자신이 오늘의 교회로 성장하는 데 공헌을 했더라도 은퇴한 이후엔 스스로 선을 그을 줄 알아야 한다. 모세도 하나님이 멈추라고 명했을 때는 여호수아에게 모든 권한을 물려주고 홀연히 물러났다. 그것이 바로 하나님 중심으로 살았던 지도자의 길이다.

## 찬란한 원로가 되고 싶다면

한국교회 목회자는, 새벽기도회로 시작해서 밤늦게까지 기도, 설교 준비, 심방, 행정, 수많은 회의 등 눈코 뜰 새 없이 바쁘다. <월간목회> 박종구 목사는 글을 통해 "한국교회 목회자에게는 쉼표가 없다. 격무에 시달린다. 특히 설교 횟수가 연간 1,000회를 상회한다. 너무 분망하다. 지도자의 탈진은 또 다른 문제를 유발시킨다. 정서적 파탄 또는 공황 상태를 가져오고, 체력의 한계로 발병될 수도 있다"라고 했다.

내 경험에 의하면, 홍익교회 목회 초기(1975~1985년) 부교역자가 없었을 때는, 새벽기도회, 주일 오전과 밤 설교, 수요기도회와 금요기도회 설교, 화요 성경공부반 인도, 봄·가을 대심방, 일반 심방 등은 물론이요, 교회 행정까지 거의 모든 목회를 도맡아 해야만 했다. 그런데다 1982년 건축을 앞두고 시작한 밤 9시 기도회를 은퇴할 때까지 계속했으니 더 말해 무엇하랴. 그러므로 항상 피곤에 찌들어 살았다 해도 과언이 아니다. 다행히

1991년 11월 24일, 교회 본당 화재로
잿더미 속에서 주일예배

  1986년부터 부교역자를 청빙해 엄청난 양의 짐을 나눌 수 있었다. 대신 그때부터 노회 임원이 돼 거의 8년을 봉사했기에 바쁜 삶이 달라지지는 않았다. 그런 가운데도 바쁜 만큼 교회가 성장에 성장을 거듭했기에 나름대로 그 보람으로 스트레스를 잊고 살았다.

  그러나 1990년대 중반부터 성장은 제자리걸음이었다. 교회 터를 넓히고 부속건물을 확보하며 지역사회 봉사와 개척교회 설립, 해외 선교에 진력했지만 부흥 동력이 되는 데에는 한계가 있었다. 그것이 한국교회 전반의 현상이었다고는 해도 교회 발전에 도움이 되고자 나는 은퇴를 앞당겼다. 원래는 만 65세에 은퇴할 예정이었으나 교회가 준비가 안 된 상태라 1년 늦추어 2007년 말에 원로목사가 됐다.

은퇴 이후의 삶은 천지개벽과도 같은 변화였다. 일주일 내내 목회수첩에 빼곡한 스케줄을 따라 정신없이 바빴던 삶이 공백 상태로 바뀌어 내 앞에 펼쳐졌다. 자유가 오면 해방감을 느낄 것 같았는데 한없이 펼쳐진 이 시간들을 나는 주체하지 못했다. 이 공허감 또는 허탈감은 교회나 노회, 총회에서 주도적으로 활동하며 일했던 분일수록 크다고 한다. 이를 감당하지 못해 안절부절 못하는 모습도 보인다고 한다. 그래서 은퇴목사 상당수는 교회나 노회 주변을 맴돌며 교인이나 노회원을 만나 이 일 저 일로 교회나 노회 문제에 관여해 분란의 장본인이 되기도 한다. 목회 윤리에 어긋난 일이다. 일단 후배에게 교회나 노회를 맡겼으면 과감히 손을 떼야 덕 세우는 게 아니겠는가?

은퇴 후 시간 관리가 절실해 보인다. 다행히 나는 선비적인 면이 짙어서 다행이라는 생각이 든다. 시무할 때도 여기저기 활동하기보다 많은 시간 서재에서 책 읽거나 글쓰기를 즐겨하고, 무슨 일에나 앞장서서 활동하기보다 한발 물러서서 보는 성격이었다. 은퇴를 앞두고 있는 후배 목회자에게나 교인에게 경험자로서 권유하고 싶은 것은 자금에 국한하지 말고 시간 관리를 위한 뜻깊은 인생이모작을 준비하라는 점이다. 초라하지 않고 풍성한 노년을 갈망하는가? 준비하는 자에게 돌아갈 선물이다.

### 후임자 복 받은 홍익교회

은퇴 목회자 입장에서 좋은 후임자를 만나는 것은 큰 복이다. 때로 은퇴 목회자나 신학교 동기 모임에 가면 자연적으로 후임 목회자에 대한 이야기를 많이 듣는다. 어떤 선배는 좋은 후임자를 세워 교회가 날로 발전한다며 흐뭇한 마음을 금할 수 없다고 했다. 그러나 어느 분은 후임자의 미숙한 목회로 인해 교회에 분란이 일어나고 기둥과도 같았던 교인이 하나둘씩 떠나고 있다고 탄식한다.

더욱이 어떤 교회의 경우 두 쪽으로 나뉘어 예배하게 됐다고 분노를 터트리는 목사도 있었다. 교회가 분규가 일어나면 마치 약속이나 한 듯 교회 지도급이나 평소 담임목사에 대해 불만을 품고 있던 이들이 원로목사에게 몰려와 온갖 불만을 터트리고 나아가 '왜 그런 목회자를 청빙했는가'라고 책망하기도 한다. 그런 일에 시달리던 어느 분은 '팔순 나이에 내가 왜 이런 고생을 해야 하는지 어디 멀리 이사 가고 싶다'며 탄식하기도 했다.

그런가 하면 어느 원로목사는 이 사람, 저 그룹을 만나면서 자기가 있던 교회 분규를 해결하고자 앞장서다가 오히려 담임목사와 등지기도 하고, 혹은 사임하게 만드는 악역까지 맡음으로써 노회 소속 여러 목회자로부터 손가락질당하기도 했다. 그러므로 은퇴 목회자에게 좋은 후임자를 만나는 것은 큰 복이 아닐 수 없다. 교회에 분란이 생김으로써 교세가 급감한다면 교회로

2008년 4월 27일, 김태복 원로목사,
최영걸 담임목사 이취임식

부터 매월 받는 원로목사 사례비가 얼마나 부담스럽겠는가?
 그런 의미에서 나는 후임자의 복을 받고 있어 하나님께 감사하고 있다. 지금 홍익교회는 최영걸 담임목사가 이끌고 있다. 연세대학교 한국기독학생회 IVF 간사로 10년을 사역하다가 30대 중반에 장로회신학대학교에 입학하고 2000년부터 홍익교회 청년부 교육전도사로 부임해 2006년 1월까지 동역했다. 그가 사역한 5년 동안 청년부는 배나 성장했고 많은 청년이 변화되는 역사가 나타났다. 그래서 후임자 선정과정에서 1순위였을 뿐만 아니라 청빙위원회나 당회·제직회의 만장일치 찬성으로 교인의 마음을 대변했다.

2008년부터 최영걸 목사가 담임목사직을 맡은 이래 교회는 날로 성장하고 있다. 사실 가장 크게 우려했던 것은 전임자에 익숙했던 목회 코드가 큰 탈 없이 후임자의 것으로 전환되느냐 여부였다. 하지만 은혜 가운데 안착됐다. 사실 전임자 임기 30년 동안 익숙해진 패턴 아닌가? 후임자가 자기 방식으로 전환하는 것은 말처럼 쉬운 게 아니었다. 그러나 하나님이 크게 도우셨다. 게다가 부인 김보영 사모는 장로회신학대학교 신학대학원에 들어가 수업한 뒤, 교회에 아기학교를 개설해 젊은 부부들을 새 식구로 대거 등록하게 했다. 대단한 시너지였다.

우리 부부는 최 목사가 소신껏 할 수 있도록 교인과의 접촉을 멀리했고 일절 목회에 관여하지 않았다. 그에 대한 보은일까? 최 목사 부부는 우리를 부모처럼 후대했다. 시므온의 기도가 우리의 고백이 됐다.

"주가 이제는 말씀하신 대로 종을 평안히 놓아주시는도다"

(누가복음 2장 29절)

邊 方 牧 會

――― 제 3 장 ―――

## 가족목회 이야기

나는 66세에 조기 은퇴했다. 이후에도 사역의 터전을
교회에서 가정으로 옮겨 목회를 멈추지 않았다.
은퇴하고 5년은 아들로서 90세 가까운 어머니의 병환 뒤치다꺼리를 했다.
'나는 꼼수다'와 '슈퍼스타K' 등으로 이름을 알린 두 아들이
각각 국회의원 낙선, 구속 등으로 고난의 시간을 보낼 때
아비로서 기도와 격려를 하기도 했다.
무엇보다도 2022년 2월 아산병원에서 폐암 판정을 받은 아내를 위해
남편으로서 병 수발도 했다.

## 못 배운 어머니, 가장 지혜로웠던 이유

어머니는 93세 일기로 돌아가셨다. 인간이 80대 중반을 넘기면 90대 초반까지 살고 그때를 넘기면 백수(白壽)한다는 통설이 있는데, 어머니는 90대 초반에서 멈추셨다. 어머니 일생을 요약하면 '오직 신앙'이었다. 아버지의 갖은 반대와 핍박 속에서도 신앙을 잃지 않고 오히려 전도하신 후 장로직까지 갖게 하신 분이다. 매일 도보로 2km 길을 걸어 본 교회에서 새벽제단을 지키신 열정만 봐도 알 수 있다. 우리 자녀는 어머니로부터 공부하라는 소리를 들은 기억은 없지만, 주일 성수와 가정예배 참석만은 강권하다시피 했다.

아들의 은퇴 이후에도 어머니는 주일이면 가까운 교회에 열

심히 참석하셨다. 하지만 돌아가실 즈음에는 걸으시는 걸 벅차
했고 힘없이 넘어지는 일이 빈번하셨다. 게다가 의연하던 평소
모습과 달리 어린아이처럼 행동하는 모습이 잦아졌다. 그러다
가 화장실에서 넘어져 골절상을 입으셨다. 정형외과에서 치료
받아 간신히 뼈를 맞췄는데 답답했던 나머지 다음날 혼자 풀어
버리셨다. 상황은 더 악화됐다. 게다가 신장에 문제가 생겨 대소
변 보는 것마저 힘들어하셨다. 서울북부노인병원으로 모신 것
은 그때였다

  그러나 병원은 한 달만 입원하게 돼 있어 팔목이 회복될 때까
지는 다른 병원과 요양시설에 계실 수밖에 없었다. 그렇게 시작
된 병원생활이 3개월이 되자 혈당치가 급격히 저하되고 의식마
저 상실돼 마침내 중환자실에 입원하셨다. 그동안 4남매가 이
젠 알아보지도 못하는 어머니를 찾아뵙는 것이 일과가 됐다. 그
러나 전혀 차도가 없었다. 우리는 마음의 준비를 했다. 그리고
2012년 2월 6일 새벽 6시경 하늘나라로 가셨다. 그날은 월요일
이었다.

  사위(춘천중앙장로교회 담임)나 외손주(부산 해오름교회 담
임)가 번거로움이 없도록 배려하신 듯 목사의 휴일인 주일 다음
날을 택하셨다. 때마침 외손주 목사는 이번 주간 새벽예배 인도
를 전부 부교역자에게 맡겼다고 한다. 장례 마친 다음날에는 막
내아들이 교장으로 근무하는 도농중학교 졸업식이 있었다. 이
에 대해 우리 형제는 믿음의 어머니답다, 이것이 결코 우연이 아

니라고 이야기를 나눴다.

  한편, 우리 자녀는 한국 장례문화가 지나치게 허례에 치우쳐, 고인과 별 관계가 없는 분에게까지 부담을 전가하는 것은 문제가 있다고 생각했다. 그래서 친척과 소속 교회, 근무지 외에는 전혀 부고하지 않았다. 그럼에도 어머니를 기억하는 이들의 줄이 이어졌다. 예수 믿지 않는 친척들이 놀랄 정도로 장례식장에는 수백 명의 조문객이 다녀갔고 많은 화환들로 가득했으며, 추운 날씨임에도 춘천 선영에서 진행된 하관예배에도 100여 명이 참석했다. 어린이처럼 마음 약해지신 노년의 어머니가 자신의 장례가 초라할까봐 노심초사하셨지만 천국에서나마 기우였음을 아셨을까?

  어머니는 그 시대 대개의 아낙네가 그러했듯 초등학교조차 못 나온 문맹이셨다. 하지만 성경을 읽기 위해 예수 믿은 이후 독학하셨다. 삐뚤빼뚤하지만 글도 쓰시게 됐다. 어머니에게 예수는 인생을 바꾼 분이었다. 출산 후유증으로 심약해진 몸을 치유하기 위해 전도사의 인도로 예배당 문턱에 발을 딛으신 어머니는 기독교와 무관했던 이 집안의 온 가족과 친척에 복음을 이식했다. 아들과 사위, 손주까지 목회자의 길을 걷도록 하셨다. 새벽이나 밤이나 자녀와 손자 손녀, 친척의 이름을 불러 가며 뜨겁게 기도하신 어머니는 우리 곁에 없으시나 그의 기도의 빚은 영원할 것이다.

2017년 9월 2일.
최재희 권사 칠순 감사예배

### 가난한 자, 약한 자 편에 선 아내

다음은 아내의 70세 생일을 맞아 가족 축하 모임에서 했던 설교입니다. (2017. 9. 2)

결혼한 지 47년이 흘렀음에도 아직도 나는 아내를 하나님이 짝 지워준 반려자로 믿고 있습니다. 입으로만 하는 말이 아니고 솔직한 고백입니다. 사실 아내와 나의 성격은 아주 대조적입니다. 내 기질은 전형적인 우울질憂鬱質이요, 매사가 수동적이요, 비관적입니다. 밝은 날보다는 어두운 날이 좋고, 많은 사람 속에 있으면 불안해지는 반면, 혼자 서재에 있으면 안정을 느낍니다.

이런 식의 기질이 목회자에게는 결정적 결함이 될 수 있습니다. 지도자인 목사는 모름지기 어둠 속을 헤매는 자를 빛 가운데로 인도해야 하지 않겠습니까? 목회자는 사람을 지극히 사랑해야 마땅한데 사람이 가까이 오는 것을 꺼려서야 되겠습니까? 차라리 산속에 오두막을 짓고 시를 읊거나 머리카락을 길게 기르고 도 닦고 사는 것이 낫지 않겠습니까?

이런 나의 침울한 성격과는 대조적으로 아내는 다혈질이고 밝음을 좋아하며 사람들 속에서 함께 웃고 노래하는 것에 행복감을 느낍니다. 때론 손님을 초청, 대접하는 것을 좋아합니다. 아마 서구식으로 댄스파티라도 벌이고 싶은 욕망이 그 마음 밑바닥에 있는지도 모릅니다. 무엇보다 오지랖이 넓습니다. 충분한 계획을 수립하기도 전에 일을 저지르고 봅니다. 즉흥적이요, 충동적입니다.

이리 봐도 저리 따져 봐도 나와 극단적으로 대조됩니다. 그러다 보니 결혼 초기에는 가정과 교회, 자녀교육 문제 등으로 의견 다툼이 많았습니다. 그러나 30~40년이 지나자 아내의 적극적 태도가 나에게서, 반대로 나의 침착한 성격이 아내에게서 발견됐습니다. 그러므로 하나님이 짝 지워주신 사이임을 믿게 되는 것입니다.

나와 아내는 춘천중앙성결교회에 함께 다녔습니다. 교회뿐 아니라 학교도 같았습니다. 군 복무를 마치고 4학년으로 복학할 즈음에 아내는 같은 학교인 춘천농과대학(현 강원대학교)에 들어왔습니다. 교회에서, 대학 도서관에서 자주 마주치며 동선이 자주 겹쳤습니다. 그러다 본 교회가 6개월 정도 교회학교를

2000년대 중반, 충북 청원 청남대에서
아내 고 최재희 권사와 함께

지도하던 나에게 춘천 외곽 삼천동 개척교회 전도사로 파송했습니다. 그곳에서 서너 달 목회했는데 아내는 주일 오후에 혼자 찾아와 교회학교 학생들을 도맡아 가르쳤고, 밤 예배까지 참석했습니다. 돌아가는 길에 동행하면서 우리는 가까워졌습니다. 1968년 경기도 남양주 가곡교회 교육전도사로 부임한 후에는 강원도 동해 북평에서 교편을 잡은 아내와 편지를 주고받으며 관계를 이어갔습니다. 끝내 연인으로 발전하게 됐고 결혼에 이르렀습니다.

농촌교회 목회를 마치고 1975년 서울 홍익교회에 부임한 뒤 아내는 교사를 그만두고 목사 사모로서 본격 동역했습니다. 영적으로 너무 갈급했던지 성경공부며 부흥회며 여기저기 닥치는 대로 참석했지요. 어느 때엔 초등학교에 다니는 자녀들을 데리고 금식기도원에 가고 엄동설한에 교회당에서 40일 철야를 강행하기도 했어요. 그러다가 병고침 기도의 은사를 받더니 본격적인 환자기도에 나섭니다. 밤이고 낮이고 가리지 않고 자신을 찾는 이들을 외면하지 않았습니다. 기억에 남는 일 중 하나는 악취를 달고 사는 자궁암 환자를 사택으로 데려와 재우고 먹이고 기도한 것입니다.

아내는 꿈이 많았습니다. 어느 때엔 기도 중에 응답받았다고 10구역을 30구역으로 만들자고 강권하기도 했습니다. 장년 교우 100여 명 출석하는 교회인데 너무나 터무니없었습니다. 또 교회가 교통 접근성이 떨어지고 증축에 증축을 더하다 보니 교회 모양새가 기형적이어서 교회 성장에 부적합하다며 유공체육관이나 신답역 쪽 구 명문예식장 있던 부지를 사서 이전하자고 고집을 피웁니다. 아마 그 말대로 했다면 수천 명이 모이는 대형교회 목회자가 되었거나, 무리한 나머지 교회가 큰 시험에 빠질 수도 있었을 것입니다.

지금에 와 하나님께 가장 감사한 일은 아내가 가난하고 병든 교우를 각별히 돌봤던 점입니다. 사실, 나는 온유한 성정은 있으나 특별히 남 돌보는 일에 마음이 우러나지 않을 뿐 아니라 서툽니다. 이에 비해 아내는 사람을 반기고 도와주고 대접하는 것을 즐깁니다. 사실 목회자 부인이 부요하거나 학벌 좋거나 사회적으로 성공한 사람하고만 어울리고 가난한 교우를 외면한다면 큰 문제가 될 수 있습니다. 그러나 하나님은 아내에게 병고침 기도의 은사를 부어주셔서 몸 약한 사람 돌보는 것에 소명감과 보람을 느끼게 하셨습니다.

은퇴한 이후에도 홍익교회 교인 중 아내를 만나고 싶어 하는 분들이 있습니다. 대부분 가난하고 병든 분들입니다. 돌이켜보자면 아내의 긍정적 믿음이 수동적인 나를 더 단단하게 만들었습니다. 그래서 아내에게 은퇴 때 교회로부터 받은 위로금 반을 입금했습니다. (웃음)

이제 '7학년'이 된 아내에게 이 말씀으로 위로를 나누고자 합니다.

> "나의 나 된 것은 하나님의 은혜로 된 것이니
> 내게 주신 그의 은혜가 헛되지 아니하여
> 내가 모든 사도보다 더 많이 수고하였으나
> 내가 한 것이 아니요
> 오직 나와 함께 하신 하나님의 은혜로라"
>
> (고린도전서 15장 10절)

## 큰아들 이야기

은퇴하고 10여 년 지나는 동안 우리 부부의 가장 큰 걱정거리는 큰아들 김용민 목사였다. 아들은 사내 민주주의를 부정하는 사장에 맞서 싸우다가 극동방송과 기독교TV에서 차례로 반강제 퇴직을 당했다. 그러다가 2008년 CBS 라디오 시사프로그램 '시사자키'(주말)에서 앵커로서 자리 잡기 시작했는데, 이때만 해도 앞길이 열리는가 싶었다. 그러나 2009년 5월 노무현 전 대통령 서거 당시 이명박 당시 대통령을 공개 비판하면서 또다시 격랑에 휘말렸고 가을 개편 때 사전 해임 통보도 듣지 못한 채 물러나게 됐다. 겸임교수로 있던 한양대 에리카캠퍼스 신문방송학과에서도 비슷한 시기에 해촉됐다.

하지만 2011년 4월 시작한 팟캐스트 '나는 꼼수다'로 큰 인기를 얻고 이름을 알리기 시작했다. 그해 10월 26일에 있었던 서울시장 재보궐 선거에서는 박원순 후보 당선에 결정적 주역이었다는 평가도 받았다. 방송 회당 다운로드 수가 수백만에 이르고, 각종 실내집회 때마다 표가 순식간에 매진되기 일쑤였으며, 야외 군중집회 때는 수만 명이 모이는 건 기본이었다. 실로 대단한 반향이었다.

그런데 이 대통령에 대한 선거법상 허위사실 공표죄를 뒤집어 쓴 정봉주 전 의원이 대법원으로부터 징역 1년형 확정 판결을 받게 되었다. 아들은 정 전 의원의 권유로 이듬해 4월 국회의

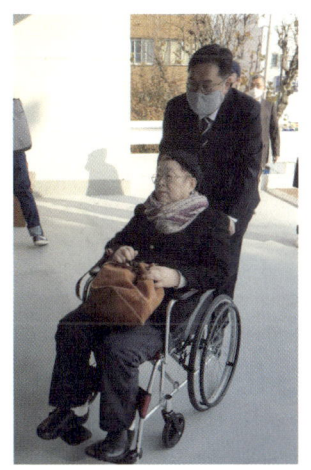

2022년 11월 24일. 서울 송암교회.
큰아들 김용민 목사 임직식.

원 총선에서 서울 노원갑에 출마했다. 순풍에 돛 단 듯했지만 8년 전 아들의 인터넷방송 발언을 들고 나온 상대당의 '막말' 규정 공세에 '나꼼수'를 미워하던 언론의 동조까지 더해졌다. 아들은 낙선은 물론, '19대 총선 야권 패배 책임'을 몽땅 뒤집어쓰며 주저앉았다.

시련은 이게 끝이 아니었다. 평소 출석하던 교회의 담임목사가 총선 시기 아들 선거캠프에 와서 기도했는데 이를 두고 교회 내 분란이 일어났다. 더는 그 교회에 나갈 수 없었다. 아들은 하는 수 없이 진보교단에 소속된 한 교회 인터넷 동영상 예배에 참여했는데, 모니터에 나온 목사는 아들을 사정없이 조롱하고 비난하더란다. 그러나 아들에게는 새로운 길이 예비되어 있었다. 이 사정을 들은 김어준 씨가 새로 오픈한 서울 대학로 벙커1 카페에서 주일마다 채플을 하라고 권한 것이다. 이로써 2012년 6월 10

일 교회 창립예배를 했고, 11년 지난 오늘에는 한국기독교장로회의 어엿한 조직교회로 진화했다. 벙커1교회 이야기이다.

아들은 대선에서 박근혜 후보가 당선된 이후 민주시민이 믿을 수 있는 언론을 갈구하는 시점에 대안언론 국민TV 창립을 주도했다. 협동조합 형태의 언론으로 민주적 의사결정 구조를 표방했지만 잦은 분규와 직원 이탈 그리고 재정난으로 6년여 만에 사실상 깃발만 남았다. 2년 될 즈음 퇴사한 아들은 설립 주역이라는 책임을 다하기 위해, 다음 대선이 있던 2007년에 무급으로 1년간 상근하면서 수익을 발생하게 해 2억 4천여만 원의 빚을 청산했다.

어느덧 40대 중반에 선 아들은 한국교회를 바로 세우는 일에 생을 바치기로 마음먹었다. 2015년 8월 한국교회와 정치의 상호작용을 주제로 한 논문을 국민대학교에 제출해 박사학위를

2022년 11월 24일. 서울 송암교회. 큰아들 김용민 목사 임직식.

취득했다. 그리고 곧바로 한신대학교 신학대학원에 들어가 한국기독교장로회 목사수련 과정을 이어갔다. 그 사이에 벙커1교회를 교단에 가입시키고 개척, 설립교회로 발전시켰다. 또한 이 교회 교인들과 함께 사단법인 평화나무라는 교회개혁 단체를 설립해 극우 정치선동을 일삼는 교회에 제동 거는 일을 이어갔다. 그리고 2022년 11월 목사로 임직하고 곧이어 담임목사로 취임했다. 세 살 무렵 늑막염으로 응급 상황에 놓였을 때, 서울백병원 복도에서 아들을 목사로 키우겠다고 서원한 것이 40여 년 만에 실현된 것이다. 아들의 목사 임직 두 달 뒤 영영 하늘나라로 간 아내는 죽음의 늪에서 잠시 회생해 이 장면을 지켜봤다.

아들은 아직 가시밭길을 걷고 있다. 경기도지사가 된 이재명 씨에 대한 노골적 적대를 자신의 프로그램에까지 요구하는 방송사에 항의해 SBS 라디오 프로그램 진행자 자리를 그만뒀다. 아울러 권력화해 가던 여성주의 세력과 맞서 싸우던 터에 그들로부터 공격을 당해 KBS 라디오도 그만두게 됐다. 이렇게 해서 다시 제도권 밖으로 밀려났다. 극동방송·기독교TV에서 사실상 해고를 당하고 또 이명박 정부 때 출연하던 방송에서 하차하더니, 2020년 문재인 정부에서도 다시 야인 신세가 됐다. 이 와중에 평화나무 이사장으로 있으면서 극우 교회와 목사들로부터 끊임없는 소송에 시달리고 있다.

아들은 스스로 자신의 성정을 직선적이라고 판단한다. 적당히 굽힐 줄도 알고 때론 숙일 줄도 알아야 하는데, 그래본 적이 없다. 불의라고 판단되면 젊은이들 잘 쓰는 표현대로 '노빠꾸'다. 대중의 비난도 무릅쓴다. 2012년 총선 때 '막말'이라고 하는 것도 미군 전쟁범죄에 대한 분노가 맥락으로 자리한다. 사람의 입장에서는 약점이지만 하나님의 입장에서는 강점이 아닐 수 없다. 그가 옹호하는 이들은 발언권과 주도권을 잃은 이들이다.

누군가 아들을 친민주당이라고 하지만 민주당 정치인, 심지어 문재인 전 대통령과 가까운 인사에게도 구태·기득권 정치를 한다며 규탄하는 일을 서슴지 않았다. 이해타산에 따라 처신하고 겉과 속이 다른 정치인들, 돈이면 사람의 인격도 집어삼킬 수 있다는 천민 자본가들, 대기업의 광고로 빌붙어 살며 강자, 부자에게 알랑대는 언론인들, 이력은 화려하나 결국 대세에 봉사하며 곡학아세를 일삼는 엘리트 지식인들, 맛도 빛도 잃은 종교인들, 아들은 좌우상하의 적들과 눈만 뜨면 혈전을 벌인다.

하나님은 왜 아들을 가시밭길로 인도하시는 것일까? 아들은 목회 멘토로 문익환 목사를 꼽고 있다. 문 목사의 인생을 돌아보면 민주주의 통일을 위해 감옥을 여섯 번이나 다녀오면서도 생을 마감하는 그날까지 영광된 길에 서지 않은 분이었다. 문 목사의 삶을 존경하며 아들은 고난을 벗 삼는 것에 유익이 있다고 믿는 것 같다.

막내아들 이야기

2019년 말 막내아들에게 시련이 닥쳤다. 11월 초 음악 채널에서 국장으로 일하던 막내아들이 '프로듀스 시리즈 유료 문자 투표조작'으로 불리던 사건의 사측 책임자로 구속 수감된 것이다. 막내는 가정, 교회, 학교, 직장 어디에서도 모범생이었다. 신앙이 남달랐고, 학업성적이 뛰어나 대학 내내 장학금을 받았으며, 발군의 영어 실력으로 갓난아기 때 해외로 입양된 이의 가족을 찾아주는 일도 했다. 직장에서도 손대는 프로그램마다 화제와 인기를 끌며 능력을 인정받았다. 그런데 상상도 하지 못한 일이 벌어진 것이다.

막내는 어려서부터 대중음악에 대한 남다른 관심과 애정이 있었다. 2002년 방송국에 입사해서는 '서인영의 카이스트'에 이어 '슈퍼스타K'라는 공전의 히트작을 세상에 내놓아 방송가 오디션 열풍의 진원지가 됐다. '댄싱9', '위키드' 등 공익적인 프로그램을 기획, 연출하면서 그리스도인다운 방송 철학도 발현해갔다. 한 문화평론가(정덕현)로부터 나영석, 서수민, 신원호, 신형관, 김태호와 함께 한국의 대표적 '스타 PD' 6인으로 꼽히기도 했다. 그런데 구속에 실형이라니. '프로듀스' 연출진의 관리자가 바로 본인이었다는 점, 게다가 휘하의 연출자에서 향응 등 구체적인 비위가 적발됐다는 점이 사태의 근원이었다.

이 프로그램은 무대에 오른 여러 연습생에 대해 시청자가 문자로 투표함으로써 팀을 조합해주는 것이 제작 의도였다. 아이돌 그룹은 음악이나 춤, 비주얼, 등 다방면을 고려해 한 팀으로 구성을 해야 하는데 전문가가 달라붙어도 성공 여부가 불확실한 마당이었다. 그래서 막내가 참여하지도 않은 시즌 1부터 내부적으로 논란이 있었다고 한다. 그러나 크게 히트했고 방송 포맷 변경은 불가능해졌다. 그래서 제작진은 최적의 팀을 만들기 위해 부득이 순위를 인위적으로 조정했다. 하지만 이 사건은 연습생이나 시청자에게 큰 누를 끼친 사건이었고 방송 제작 윤리를 무시한 큰 잘못이었다. 막내 또한 본 사건에서 책임을 지는 지위에 있었던 만큼 메인 연출자와 함께 수감되었고 1년 8개월의 형을 채워 나왔다.

사실 수사기관은 '왜 점수를 조작했는가'라는 질문의 답을 찾기 위해 막내에게도 뇌물이나 향응이 있었는지 샅샅이 조사했다. 막내의 통장이고 휴대전화를 다 털었고 기획사의 이런저런 장부까지 털었지만 단 한 차례의 배임수재, 부정 청탁, 금품수수의 증거를 찾지 못했다. 엄청난 유혹이 엄습하는 풍토에서도 막내는 한 방울의 술, 한 푼의 돈을 받지 않고 최소한의 직업윤리를 지키려 애쓴 것이다. 만약 부당한 수수나 접대가 있었다면 자녀 교육서(<달란트 교육>)를 낸 나의 40년 목회 성과는 하루아침에 무너졌을 것이다.

구속영장이 발부된 직후 종로경찰서 유치장에 면회 갔을 때 '어쩌다 이 지경까지 왔나?' 하는 참담한 심정이었다. 돌아와서는 불타는 마음으로 기도했다. 이제 와 당시 아픔의 시간을 복기해보면 하나님이 아들을 신속하게 문화선교 사역 현장으로 이끌고자 하심이 아니었나 생각된다. 국장 직위의 책임감 때문이었는지 아니면 프로그램 인기에 매달려야 하는 현실 때문이었는지, 방송국 입사 전 결심했다는 방송 사역은 한 해 두 해 미뤄져만 갔는데, 하나님이 강권하신 듯 느껴졌다. 막내는 구치소에서 앞으로 문화선교를 위해 일하고 싶다는 결심을 매주 보내는 손 편지에 녹여 냈다.

"이 사건이 없었다면 정말 방송 선교를 위해 투신할 용기가 생겼을까 싶습니다. 제가 매년 1월 1일이면 일기장에 신년 기도 제목을 한 장 분량으로 써왔는데요, 지난 5년간 빠지지 않고 올라온 기도 제목이 바로 '방송 선교의 시작'이었습니다. 그런데 돈도 벌고, 회사 후배도 양성한다는 여러 현실적 이유로 시작할 엄두를 못 내고 있었던 거죠. 비록 뼈아픈 방식으로 기도 제목이 인제야 이뤄질 상황이 되긴 했지만, 낮은 자들과 눈높이를 맞추게 하시고 용기를 주시는 하나님의 방식에 이 시간이 얼마나 감사하고 소중한지 모릅니다."

그래서 이후에도 매주 보내는 편지나 면회 때면 이렇게 권고했다. "지금은 광야학교에 입학한 셈 치고 더욱 기도하고 열심히 말씀을 묵상하면서 진심으로 순종하며 이 모든 연단을 극복해가자. 그러면 하나님이 합력하여 선을 이루실 것이고 앞길 또한 열어주실 것이다." 막내는 그 권고를 따랐고 지금 문화선교를 실행하고 있다. 하나님은 막내를 저 밑바닥 구치소로 이끄시며 당신의 선한 계획을 펼치셨다.

목사 가정에서 성장하며 큰 어려움을 겪지 않았고, 군대도 카투사로 복무한 덕분에 고참의 무지막지한 억압도 경험하지 못한 막내가 혹시 구치소에서 희롱이나 욕설, 구타당한다면 어떡할 것인가, 그 순수한 마음이 얼마나 다칠까 하는 생각에 우리 부부가 조바심을 냈던 기억도 난다. 그러나 요셉에게 선한 계획을 펼치셨듯 하나님은 놀랍게도 이 걱정에 대한 답을 예비해주셨다.

창세기 39장 20절에서 21절을 보면 "이에 요셉의 주인이 그를 잡아 옥에 가두니 그 옥은 왕의 죄수를 가두는 곳이었더라 요셉이 옥에 갇혔으나 여호와께서 요셉과 함께하시고 그에게 인자를 더하사 간수장에게 은혜를 받게 하시매"라는 말씀이 있다. 과연, 그 말씀이 현실로 나타난 것이다.

입소한 방에는 과거 '주먹'이었던 사람이 방장으로 있었다. 그런데 그는 '조직' 생활에 대한 깊은 회의를 느끼고 있었다. 이 와중에 막내가 들어갔다. 두 사람은 금방 친해졌다. 방장은 막내가 전공자임을 알고 영어로 된 요한복음서에 대해 가르쳐달라고 했다. 나머지 다섯 수감자도 함께 배웠다. 방장은 2020년 11월 먼저 출소한 후 막내 권고에 따라 방송통신대학교에 입학하고 서울시에서 시행했던 방송 요원 양성세미나에서 PD 교육을 이수 받아 결국 막내의 수석 조연출이 됐다. 우리 부부는 환란 중에 하나님이 붙여주신 동역자로 생각한다.

막내는 2021년 7월 출소하고 방송사에 복직했다. 그 후 본인의 재산을 털어 2022년 10월 유튜브 채널을 통해 첫 방송 선교를 시작했다. 처음 방송을 준비할 때 주변 제작진들에게 방송 선교 계획을 알렸다. 그랬더니 10명이 넘는 음악감독, 방송 스태프 등 크리스천 전문 인력들이 자기들도 하나님을 위해 재능기부를 하겠다며 동참했다. 방송 스튜디오나 방송 기자재도 무료로 대여했다. 이름만 대면 알 수 있을 유명 아티스트들이 막내가 만든 무대에서 하나님을 찬양하고 있다. 그분의 선하신 인도하심에 감사한다.

"주여, 막내가 지금까지 20년 동안 세상 문화를 위해 일해 왔지만, 앞으로 인생 이모작 시기에는 하나님 중심으로 살며, 주신 달란트를 발휘하여 방송 선교에 진력할 수 있도록 능력을 주옵소서."


딸과 사위 이야기


혈육이 아님에도 일상을 공유하는 이들을 일컬어 공동체라고 한다. 딸과 사위는 영국 신앙공동체 브루더호프에서 20년 동안 식구로 지냈다. 그러다가 2021년 6월 모국으로 파송됐다. 한국지부 설립을 돕기 위해서다. 브루더호프는 그 역사가 100년이다. 오늘날 전 세계적으로 2,500명가량이 12개 지부(미국 7곳, 영국 3곳, 독일·호주 각 1곳)에 나뉘어 살고 있다.

오자마자 딸 부부는 문 닫은 학교 부지, 운영난을 겪는 기도원 등을 돌아다니며 입지를 물색했다. 그러다가 2021년 10월 지금의 장소로 결정했다. 강원도 영월군 주천면 평창강 인근 펜션이었다. 대지 6천여 평에 펜션 건물 10여 채. 2022년 4월 잔금을 치르고 비로소 간판을 달았다. 우리 부부에게는 이 일이 20년 만의 기도 응답이었다.

2004년 8월, 홍익교회는 근속 30년 기념으로 동유럽 여행을 보내줬다. 이때 브루더호프에서 14년째 살고 있던 딸 부부네도 방문했다. 딸에게는 네 남매의 자녀가 있는데, 이 중 두 딸에게 장애가 있다. 아내가 하늘나라로 가고 딸이 남긴 글이 있다.

"우리는 아이 넷을 낳았는데, 두 딸은 우리 부부의 결혼 때문에 발생한 유전적 장애(GPIBD15)를 갖고 태어났고, 아들 둘은 보기에는 멀쩡하다. 이 얘기를 하는 이유는 돌아가신 엄마 얘기가 하고 싶어서다.

정말 가난한 동네에서 목회를 하면서 대책 없는 교인들을 위해 기도하던 중, 엄마는 신유 기도의 은사를 받았다. 하나님의 축복으로 엄마의 기도를 통해 수많은 불치의 환자들이 나아서 전국 각지에서 수많은 환자들이 우리 집과 교회에 모여들었다. 그런데 딸네 손녀가 하나도 아니라 둘이 장애라니, 난 친정교회의 덕이 되지 못하는 걸 지레 우려했다. 여기서 우리 엄마는 그냥 한마디로 상황을 종료하셨다.

'우리 가족은 정말 하나님께 감사하자. 하나도 아니고 천사 둘을 주셨으니 정말 하나님의 큰 축복이다. 우리 두 손녀 덕분에 길가에 팔다리 없이 구걸하는 분들이 이젠 다 우리 손주들 같아 너무 예쁘고 귀하다. 하나님이 주신 맘이다. 엄마는 신유, 대언, 예언의 은사를 다 받았지만 사랑의 은사는 저절로 안 생기더니 이제 손녀딸들 덕분에 사랑이란 걸 하게 됐다'라고 우리 부부를 위로하셨다.

이렇게 적으면 우리 엄마가 마치 마더 데레사 같은데, 막장드라마 같은 구석도 많은 평범한 70대 어머니셨으니 안심하셔도 된다. 우리 딸들의 장애를 보고 귀신 들렸으니 기도 받아야 한다고 악쓰는 어떤 신빨 받은 여자에게 '귀신 들린 건 당신이야!'라고 내쳤던 최재희 사모님이 몹시도 그리운 날이다.

세린이 21세 생일에 장례를 치른 엄마는 틀림없이 하늘에서 억울하게 죽은 생명들을 환영하며 천국 잔치를 준비하시겠지. 엄마를 위해 얼마 전에 그린 세린이의 천사 그림에서 천국의 빛을 엿본다."

다시 2004년으로 돌아간다. 이곳을 떠나며 나는 딸 부부에게 이런 편지를 남겼다.

"딸 부부에게. 이곳에서 3박 4일 동안 많은 것을 보고 느끼며 배웠다. 동유럽 국가들을 버스투어하면서 인간의 검은 이념들이 역사와 교회, 그리고 인간의 심성들을 얼마나 황폐화시키고 삶의 터전을 지옥으로 만들어왔는지 뼈저리게 체험했다. 마틴 루터가 종교개혁을 일으킨 땅, 개신교의 중심지, 신학과 예술, 철학의 중심지였던 독일에서 어떻게 짐승 이하의 잔혹한 나치주의자가 잉태될 수 있었는가?

도시의 높은 언덕과 아름다운 골짜기마다 교회가 세워진 동유럽의 마을들이 아돌프 히틀러 졸개들에 의해 피로 얼룩진 것이나, 폴란드 아우슈비츠 전시관에서 본 가스실 들어가기 전 잘린 머리카락들과 그것으로 만든 양탄자나, 수많은 유품들이나, 방 안 가득 쌓인 앙증맞은 어린이 신발들을 보며 인간에 깊은 절망을 느끼게 만들었다.

그런 절망을 보다 온 엄마 아빠가 여기 평화롭고 따스한 신앙공동체에서 유숙하고는 인간에 대한 새로운 희망이 샘처럼 마음에 고이는 것을 발견한다. 나치의 잔혹함이 야수처럼 날뛰던 시대에서 에버하르트 아놀드의 맑은 영혼은 빛을 발하기 시작하고 거기에서 브루더호프 공동체를 창립하고 오늘까지 수많은 사람의 영혼과 가슴에 사랑의 샘을 흐르게 하니 얼마나 경이로운가?

같은 격동기를 살았던 아놀드와 히틀러는, 빛과 어둠, 성령의 사람과 악령의 사람이었다. 히틀러는 역사의 강에 피와 비명과 절망을 흐르게 했지만, 아놀드는 그 절망의 강을 거슬러 올라가 희망의 발원지가 됐다. 한 사람의 역사는 오늘 폴란드 아우슈비츠 박물관에 해골처럼 전시되어 있으나, 한 사람의 역사는 오늘 평화로운 이 언덕과 세계인들의 가슴에 희망의 열매를 영글게 하고 있지 않은가?

하나님은 왜 딸 부부를 여기 묶어 두시고 연단하는가? 꼭 두새벽에 일어나 기도하면서 물어본다. 모든 자랑과 욕망의 날개를 접고 성자적 삶을 사는 것이 몸 불편한 두 딸들을 위한 불가피한 선택일까? 명쾌한 답은 아직 들을 수 없지만, 어렴풋 감지되는 게 있다. 어제 공장에서 사위와 일하는데 초보자에게 노동 요령을 일러주는 능숙함을 보며, 앞으로 구도자 같은 한국의 그리스도인이 몰려왔을 때, 그들에게 새로운 도전을 줄 것이라 기대하게 됐네.

더 멀리 내다본다면, '어느 날 한국 땅에도 이런 공동체가 세워져 그동안 이곳에서 자네들이 훈련하고 터득한 삶의 방식을 펼칠 수 있게 하시려는 뜻이 아닐까'라는 기대가 가슴 뭉클 차오른다. 그런 의미에서 여기는 모세의 광야가 아니겠는가? 자네들의 지팡이를 단단히 붙들라. 가시덤불에 거룩한 불이 붙을 때까지.

2004. 8. 28. 아빠가.

그런데 이 꿈이 20여 년 뒤에 이뤄진 것이다. 20여 가구가 한 마을을 이룬 한국공동체는 울창한 숲으로 싸였고 그 앞에 맑은 평창강이 흐른다. 서구의 어느 지역을 옮겨다 놓은 듯하다. 누가 방문해도 마음의 고향처럼 느껴질 게 분명하다.

그런데 생존은 어떻게 한다는 것일까? 내가 젊은 날에 터득한 바이지만 한국에서 농사만으로는 미래를 담보할 수 없다. 우선 미국 브루더호프의 뒷받침이 크다. 공동체 산하에 장애인 기구 제조회사가 있는데, 이곳에 하청한다고 한다. 이곳 목회자는 65세 호주인 목사이다. 영미권 공동체와 가교 역할을 하고 있다. 이태원 참사 추모 현장에서 '내 평생에 가는 길'을 찬송하던 분이다. (사위는 공동체 안에서 재정과 공장 운영을 담당하며 총무 역할을 하고 있다. 외국인을 안내하는 통역도 겸한다. 딸은 홈스쿨 형식의 학교를 시작했는데 중학교 교사를 하고 있다.)

또 하나 궁금한 것은 공동체성을 어떻게 유지하는가 하는 점이다. 살아온 환경도 다르고 따라서 욕망도 다른 사람끼리 어떻게 분쟁 없이 공존할 수 있는가. 최우선적 과제는 공동체 내의 불평등 해소에 있었다. 콩알 하나라도 나눠 먹는 문화라고나 할까, 어떤 가정이 특정 재화를 독점하지 않는다는 것이다. 게다가 이 공동체성은 공동체 밖 마을에도 적용된다.

브루더호프 공동체가 들어온다고 하니 사이비 종교집단이 들어오는 줄로 오해하고 대부분의 주민이 반대했다고 한다. 노인이 대부분인 마을에 일꾼이 부족할 때 공동체 구성원이 나서서 도와주고, 대보름 등 명절에는 윷놀이로 즐거움을 나누는가 하면, 부활절에는 동네 주민을 초대해 잔치를 벌이고, 어떤 집에 불이 났을 때에는 달려가 땀 흘려 수습해줬다고 한다. 자기만의 게토(ghetto)화된 패거리가 아니라 세상을 향해 열린 이웃이 되고 있는 것이다. 딸과 사위가 진보적 대학생 선교단체인 한기연에서 간사로 섬기면서 터득한 공동체성이 이렇게 꽃 핀 것이다. 하나님의 계획은 실수하거나 불필요한 것이 없다.

"주여, 앞으로 한국 브루더호프 공동체가 초대교회를 복원한 듯 사랑과 평화, 나눔과 섬김 등 예수의 정신을 나타냄으로 분열과 독선의 질곡을 그치게 하옵소서."

### 기적과도 같았던 인저리 타임

아내는 결혼 50주년(2020년)을 지나며 건강이 급격히 나빠졌다. 은퇴한 후에 교인과 연을 잇는 것이 후임 담임목사에 도움이 안 된다고 판단했던지 2007년 서울을 떠나 덕소로 이사 온 후부터는 사실상 두문불출했다. 그런데 그게 병의 원인이 될 줄이야. 매사에 의욕이 없었다. 나아가 불안과 초조감에 시달렸다. 보기에 안쓰러웠다.

사실 그렇지 않은가? 32년 동안 동고동락했고, 몸과 마음이 아팠을 때 돌보던 교인과의 생이별인데. 남편이 66세에 조기 은퇴하는 바람에 한창 일할 59세에 뒷방에 들어가야 하는 현실이 얼마나 고통스러웠겠나. 안절부절못하는 아내를 위해 처음엔 거실을 영화실로 꾸미기도 하고 여기저기 승용차 여행도 데리고 다녔다. 하지만 마음의 병을 지우지는 못했다. 하는 수 없이 정신과에서 약을 처방받기도 했다.

그런데 얼마 후 고혈압과 당뇨 증세까지 나타났다. 병원과 약국을 찾는 횟수가 크게 늘었다. 그러자 아내에게 '어떻게 신유기도의 은사를 받았다는 사람이 자기 병은 못 고치는가?'라는 원망까지 더해졌다. 그래서 새로운 활로로써 신학대학원 입학을 택했다. 하지만 아내가 채우고자 했던 것은 지성보다는 영적 충만함이었다. 대안이 되지 못했다.

병원을 드나드는 횟수도 더 많아졌다. 그러다가 2022년 2월 28일 서울아산병원에서 폐암 진단을 받았다. 11차례 방사선치료와 5차례 항암치료가 이어졌다. 엄청난 후유증(기침, 무기력증, 호흡곤란, 가려움증, 변비, 섬망)이 뒤따랐다. 인력으로 감당하기 힘든 것이었다. 6월 한 달만 해도 11차례나 병원을 다녀왔는데 가장 큰 원인은 엉뚱하게도 변비였다.

관장하면 몇 시간 괜찮은 것 같다가 재발했다. 밤에 잠을 이루지 못했다. 정신이 혼미해지고 몸이 급격히 쇠약해졌다. 이게 '죽음의 문턱'까지 가는 병이 될 줄 몰랐다. 딸이 7월 초에 1박하며 간병했을 때엔 거의 변기에 앉아있다시피 했다. 그러다가 7월 7일 혼수상태가 돼 119의 도움으로 응급실에 실려 갔다.

온 식구는 마음 모아 기도하기 시작했다. 나도 하루 세 번씩 손을 들고 기도했다. 주님을 그렇게 많이 불러보기는 처음이었다. 때마침 한국기독교장로회 목사고시에 합격한 큰아들 김용민 목사는 엄마 당신의 소원인 목사임직까지는 볼 수 있게, 아니 그보다는 '사랑한다'는 말은 할 수 있게 '인저리 타임((injury time)'을

달라고 했다. ('엄마의 갈릴리' 참고)

큰아들의 기도 응답이었을까? 아내는 기적적으로 눈을 떴다. 그렇게 6개월을 더 살았다. 만약 중환자실에서 의식을 회복하지 못한 채 영영 떠났다면 남은 식구에겐 큰 고통과 상처가 됐을 것이다. 아내는 6개월 동안 마치 인생을 정리하듯 여러 사람과 통화, 문자를 나눴다. 이런저런 일로 소원했던 이들에게도 말을 걸었다.

아내는 9월 27일 집으로 왔다. 당시 병원에서는 가정으로 모시고 가면 위험할 수 있다고 했다. 그래서 다른 병원이나 요양병원으로 옮기라고 강권했다. 그러나 귀가에 대한 아내의 간절함을 누를 수 없었다. 그래서 일주일만 집에서 돌보다가 위태로워지면 병원에 오겠다는 조건으로 허락받았다. 일주일 내내 아내는 침상에서 일어나 앉지도 못했다. 밤에는 기저귀를 서너 개씩 갈아야 했다. 하루에만 30개 약과 진통제로 버텼다. 24시간 곁에 있는 간병인과 일주일에 한 번 방문하는 간병간호사의 도움은 절대적이었다.

그런데 두 주 지나 아내는 페이스를 되찾았다. 일어나 보조기를 붙들고 가정에서 걷기 시작했다. 휠체어를 타고 지하 주차장까지 갔다. 11월 15일부터는 내가 간병인 역할을 했다. 애쓰는 남편이 가상했는지 아내도 화장실에 혼자 가기 시작했다. 옛날 건강한 모습의 얼굴로 돌아가는 듯했다. 10월 10일 조카 결혼식에서 친정 식구를, 10월 28일 부모님 추도예배(춘천 선산)에서 시댁 식구를,

11월 1~2일 오색약수터에서 서울노회 은퇴목회자 부부들을, 11월 24일 큰아들 목사안수식에서 교회 식구들을 만났다.

호스피스 병원에서 천여 명 환자의 임종을 지켜본 의사 김현아 교수는 죽음을 맞기 전 환자의 가장 큰 소원은 일주일만이라도 가족과 함께 지내는 것이라고 했다. 이 말이 머리에서 쉬 지워지지 않았다. 아내는 점점 나아지는 것 같았지만 그것은 우리의 기대였을 뿐이었다. 여전히 많은 약으로 버티고 있고, 콧물흡입기(석션기)를 통해 하루 두 번 엄청난 양의 가래를 배출하고 있으며, 조금만 걸어도 숨이 차 주저앉았다. 이런 몸의 상태는 정상일 수 없었다. 게다가 아내는 3월부터 다시 시작해야 하는 항암치료에 큰 스트레스가 있었다.

그래서 아내는 건강이 회복되기는커녕 점점 악화돼 결국 가족들도 감당치 못할 상황을 염려했다. 목회 현역시절, 아내의 영적 예지력에 놀란 적이 많았다. 12월 28일에는 딸에게 이런 문자를 보내기도 했다.

"올 한 해 동안 섬망과 변비로 고생했다고 하는데 몇 가지 외에는 기억이 안 난다. 엄마는 (내년) 2월 25일 호흡기내과 CT 촬영을 한다. 그리고 3월 6일 판독 결과를 듣는다. 너와 아빠가 절망적인 상황까지 내다본다고 들었다. 못 고칠 병이라면 연명치료는 쓸데없다고 생각한다. 오래 고통받지 않고 잠자는 듯 다른 나라로 이사 가는 것, THAT'S IT! 그냥 하루하루 순리대로 마음 편히 있다가 3월 5일 기대와 다른 판단이 나오면 연명치료 거부 각서를 내 손으로 쓰겠다. 이 말을 하고 잠자리에 드는 나는 슬프거나 아쉬운 마음이 전혀 없다. 다행히도 혼자서도 잘 노시는 아빠라 노인 냄새만 조심하게 하면 걱정이 없다. (매일 샤워하게 하고, 좋은 향내가 나게 바디로션 바르도록 지연아, 네가 신경 써라.)

나는 1월 8일부터 3월 6일까지 약 두 달 동안 해보고 싶었던 것, 먹고 싶었던 음식도 먹고 두 달의 호사를 기획하며 그날까지 기쁨으로 기다리겠다. 이 글은 유언과 같은 성격이다. 지연아, 용민 목사나 용범 부장에게도 공유해라. 마음의 준비를 하되 장례식 때 울지 말아라. 아빠를 문자로나마 심심찮게 해드려라. 거듭 이야기하지만 향기 나는 멋진 노신사로 살게 해드려라. 그게 어려우면 브루더호프 공동체로 모시고 가라. 아니면 유료 양로원을 알아보든가. 지금은 정정해보여도 노인은 급격히 나빠진다. 그때를 대비해 신경 써라. 끝."

아내는 이후 이해할 수 없는 행동을 했다. 극도로 연약한 몸인데 성탄절과 2023년 연초에 갈비찜을 손수 만들어 딸네 부부에 이어 큰아들네, 그다음은 막내를 대접했다. 그리고 1월 19일에는 설 명절에 모일 자녀와 손주를 위해 음식을 잔뜩 차렸다. 온

종일 안방 옷장에서 모든 옷을 꺼내 정돈했다. 일일이 다림질해 옷장에 차곡차곡 넣었다. 이대로 두면 "남이 봤을 때 자기를 흉볼 것"이라며 말이다.

그날 내가 차린 저녁 식사를 하다 이런 말을 했다. "요즘 몸은 아프나 마음은 가장 행복합니다. 우리 부부 사이에서 신앙공동체 설립자, 목사, 문화선교사가 나왔잖아요. 그리고 이렇게 남편에게 사랑을 받고 있잖아요. 매끼 음식을 차려주고 설거지해줄 뿐 아니라 약을 챙겨주고 요양보호사 이상의 수고로 나를 간병해주니 말입니다." 아내는 행복한 표정을 짓고 잠자리에 들었다. 이것이 이생에서 아내와의 마지막 대화가 될 줄은 전혀 몰랐다.

이튿날(1월 20일) 새벽 6시 반, 아내는 목관이 빠진 상태에서 출혈로 기도(氣道)가 막혀있었다. 급히 119에 연락하고 도착할 때까지 심폐소생술을 했다. 황망했다. 한양대 구리병원으로 이송된 아내에게 응급실 의료진은 온갖 소생술을 시도했지만 차도가 없었다. 이제 보내야 할 시간이 온 듯싶었다. 자기를 위해 일생 헌신한 여종이 더 이상 고통받는 것을 원치 않으셨던 하나님이 아내를 부르신 것 같았다.

급히 달려온 큰아들은 병상에서 의식을 잃은 제 엄마에게 작별인사를 겸한 안수기도와 축도를 했다. 그리고 75년의 인생을 마무리했다. 아내의 시신은 자신의 숱한 발자국이 남은 사근동의 한양대 서울병원으로 이송됐다.

설 연휴 첫날, 이미 은퇴한 지 15년이 된 원로목사의 부인 장

2023년 1월 20일. 한양대병원 장례식장 5호실. 최재희 권사 빈소.

례, 과연 조문할 사람이 있겠나, 아내의 가는 길이 쓸쓸하지 않을까, 그래서 하늘나라에서 다시 만날 때 면이 서지 않을까 염려했다. 그러나 정말 많은 이들이 찾아와 우리를 위로했다. 무엇보다도 아내와 희로애락을 같이 한 많은 교인이 신발 벗기도 전에 오열하는 걸 보며 "아내의 삶이 헛되지 않았구나" 하는 위로를 받았다.

장례를 마치고 삼남매는 엄마 유품을 이대로 두면 내가 견디기 힘들 것이라며 모두 기증, 처분했다. 나는 한동안 홀가분했다. 하루 종일 아내를 내 몸처럼 돌보던 신경 곤두선 삶이 순식간에 중단됐기 때문이다. 그러나 서서히 허탈해 갔다. 그래도 목회자인 가장으로서 자녀에게 흔들리는 모습을 보일 수 없었다.

그래서 이런 감사의 말을 했다.

"많은 환자가 병원에서 장기치료 받다가 요양원을 거쳐 호스피스병원에서 생을 마감한다. 이 과정에서 가족의 진이 다 빠지지. 남은 재산을 다 쓰고 가는 경우도 적지 않아. 엄마도 지난 한 해 간병비 포함해 상당액을 썼어. 그런데 이번 장례식에서 조의금으로 그 비용을 모두 해결할 수 있었네. 역시 엄마답지 않니? 비용은 물론, 하나님 나라를 위해 사역을 본격 시작하는 삼남매와 80대에 자기에 매어 탈진해가는 남편의 심적 부담을 벗겨주기 위해 홀연히 소천했잖아. 우리 모두 엄마 몫으로 세상을 섬겨 보세."

주여, 아내를 6개월 동안 생명을 연장케 하심으로 생을 아름답게 마무리하고 존엄을 지키며 당신 곁으로 데려가시니 감사합니다.

## 엄마의 갈릴리

김용민

2022년 7월 엄마는 암이 악화해 돌아가실 뻔했다. 의식을 잃어버리신 것이다. 나는 내가 믿는 신에게 간청했다. "인저리 타임을 달라"라고. 인저리 타임. 축구에서 후반전 45분이 소진되면 심판이 주는 추가시간을 말한다. 내가 엄마에게 걱정거리인 적은 있어도 엄마는 나에게 그러하지 않았다. 늘 씩씩했다. 이러다 보니 엄마에게 "존경하고 사랑해요"라고 말해본 적이 없다. 돌아가실 분을 살려달라고 하는 것이 무리겠지만 그래도 그 말만은 들려드리고 보내도 보내고 싶었다. 신은 나의 간청을 들으셨는지 엄마를 기적적으로 생환시키셨다. 기억력이 다 복원돼 날짜, 숫자, 사람 이름까지 또렷이 기억한 상태로. 염색하니 한창때의 씩씩한 외모 그대로.

나는 드디어 엄마의 손을 붙잡고 하려고 했던 말을 했다. 겸연쩍게. 엄마는 피식 웃더니 "됐네, 이 친구야"라고 하셨다. 마치 빚을 돌려받는 채권자처럼. 엄마는 가정에서나 밖에서나 풀파워 에너자이저였다. 엄마의 호칭은 권사이다. 그 권사직은 교회 교인 2/3 아니 그 이상 압도적 득표를 받아 얻은 임직이었던 모양이다. 대단히 뿌듯해했다고 한다. 그러나 신앙인인 엄마는 권사라는 직분으로 전부 설명이 안 된다. 담임목사였던 아버지의 '한 교회 32년 목회'의 가장 강력한 조력자였다. 온유하시지만 선비 같은 아버지의 장기 목회는 사정이나 경우 가리지 않고 열정적으로 교인을 섬기시던 엄마의 헌신 없이는 가능하지 않았다.

그 교회는 대한예수장로회 통합 소속인 홍익교회. 아버지가 부임할 1975년 당시만 해도 50명이 안 되는 교인끼리 마음이 나뉘어 대립했다. 아버지는 이 불똥을 맞아 교인 앞에 얼굴조차 드러내지도 못한 채 목사 청빙 '반대 4표'를 받았다고 한다. 더 큰 문제는 절벽에 비유될 '빈곤'이었다. 홍익교회는 청계천과 중랑천의 하류가 만나는 곳, 가난한 이들의 집성촌 한가운데에 있었다. 교인들은 가난하기에 병이 많았다. 압축성장의 나라로부터 낙오된 사근동 달동네사람들의 고통을 돌보는 것은 홍익교회 목회자의 숙명이었다. 교사 출신인 데다 20대 중반이던 엄마, 뭐라도 해야 했다. 그래서 병을 앓던 교인들을 사실상 이고 지고 시내버스에 태워 삼각산 기도원으로 모셔 갔다.

줄지어 기다린 다음에야 당대 최고의 병고침 기도의 은사(능력)를 가진 현신애 권사에게 기도를 부탁할 수 있었다. 이렇게 몇 번을 하던 엄마는 의문을 품게 된다. '아니, 현 권사나 나나 똑같은 하나님의 사람인데 어째서 나는 안 되는 것이 당연한가?' 이때부터 엄마는 30평 안 되는 교회당에서 40일 밤샘기도를 했다. '나에게도 그러한 능력을 주소서'라고 외치면서.

40여 일 되던 무렵, 세탁소 하시던 집사님이 갑자기 떼굴떼굴 구르며 복통을 호소했다. 40일 기도로 영성이 충만했던 엄마는 '혹시 하나님이 기회를 주신 것인가' 하는 마음이 들었다. 그래서 현신애 권사 코스프레를 하듯 기도했다. 그런데 집사님이 거짓말처럼 깨끗이 나았다. 물론 이런 병고침 기도의 은사에 대해 논란과 회의가 있을 수 있다. 당연히 의료와 종교는 서로 침범할 수 없는 각자 고유의 영역이 있다. 그러나 돈도 없고 건강도 없으며 희망도 없는 이들에게 엄마의 손끝 기도는 그 자체로 복음이자 구원이었다. 이때부터 엄마는 온 동네를 돌아다니며 이웃을 섬겼다. 심지어 교회에 다니지 않던 천안 살던 자궁암 환자가 무대책으로 상경해 기도를 요청하자, 아예 집으로 데리고 들어와 먹여주고 재워주며 기도했다. 가족의 불편함은 엄마의 관심 밖이었다. 새벽 2시든 3시든 긴급한 방문을 요청하는 교인 집에 달려갔다.

나는 크고 두껍고 단단하지만, 유난히 하얗던 엄마의 손을 기억한다. 1월 20일 아침 거기서 더 핏기를 잃어가던 그 손을 붙잡고 하염없이 울었다. 1월 19일, 전날 엄마는 다가올 설날 가족맞이로 분주하셨다. 음식도 하셨고, 청소도 하셨다. 냉장고에는 명절은 물론, 이후에도 두고두고 먹을 반찬을 마련했다. 내가 좋아하는 진미채도 한 통 채우셨다. 그리고 당신과 남편의 옷을 깔끔하게 정리했다. 다림질하시고 서랍에 차곡차곡 쌓으셨다. 그날 밤에 아버지로부터 기초적 상처간호(드레싱)를 받으며 "남편의 사랑을 받으니 행복하다"라는 말도 했다.

이것이 이생에서의 마지막 발자국이었다. 1월 20일 아침, 아버지의 "병원에서 마음의 준비하라고 한다"라는 문자를 받고는 어디서 어떻게 갔는지 기억이 안 날 정도의 황망한 마음으로 달려간 한양대 구리병원 응급실. 119에 실려 올 당시 입고 있던 엄마의 옷을 막 인계받은 아버지는 나를 보자마자 "엄마한테 마지막 인사하러 가자"라고 하고는 응급실로 이끄셨다. 이미 숨만 쉬시던 엄마 앞에 섰다. 뇌가 콘크리트처럼 굳어지듯 한 나의 입에서 '일생 하나님을 대리해 고난 받는 이들과 함께 살아온 엄마에게 이젠 영원한 평화와 천국 복락을 주시라'라는 기도가 나왔다.

그리고 목사만이 할 수 있다는 축도를 엄마의 양어깨에 대고 했다. 세 살 늑막염으로 죽을 위기에 놓인 어린 나를 안고 '당신의 종으로 살게 하겠다'라고 서원하신 엄마가 가장 기뻐할 환송의 방법이었다. 의식을 잃어버린 엄마는 내 기도에 반응했는지 숨을 더욱 가쁘게 몰아쉬었다. 그리고 75세의 인생을 멈췄다. 7

월에 쓰러지셨다가 회복하셨고 이듬해 1월 운명하셨으니 신이 허락한 '인저리 타임'은 정확하게 6개월이었다. '인저리 타임' 중에 나는 엄마가 간구했던 '목사 임직'도 받았다.

1월 20일 오후, 장례식장이 열렸다. 첫날 한양대 서울병원 장례식장 5호실은 아무개의 모친상, 아무개의 장모상 빈소가 아니었다. 최재희 권사 본인상이었다. 환하게 웃는 엄마 영정에 눈을 맞춘 조문객 대부분은, 빈소 입구 신발 벗지 않은 상황부터 오열하기 시작했다. 걷기 불편하신 원로장로님부터 대학생 젊은 여성까지, 엄마의 사랑을 받은 이들이었다. 눈물을, 흐르는 수돗물에 비유해도 과장은 아니리라.

아버지는 66세인 2007년 말로 후임 담임목사님에게 교회를 이양하고 떠나셨다. 누군가는 자식에게 맡겨야 교회의 평화가 유지된다며 세습을 정당화하지만, 아버지는 자신보다 훨씬 더 목회를 잘할 분이라며 진심과 긍지를 담아 담임목사직을 맡겼다. 그 뒤 아버지는 원로목사지만 담임목사가 부탁할 때 말고는 근처조차 가지 않으셨다. 아버지는 물론 엄마도 그러했다. 교인들과 끈끈한 정이 있었지만, 엄마는 부르셔도 가지 않았다. 그렇게 교회를 떠나고 15년의 공백이 있었다. 다 잊을 만도 한데, 다 자기 삶이 바쁠 텐데, 게다가 설 연휴인데 빈소에 모였다.

엄마와 비슷한 나이의 한 여성 교우가 펑펑 울더니 울음을 그치지 않는다. 그분의 삶은 박복했다. 아버지가 담임목사로 재직하실 당시, 무척 가난했던 것은 물론, 술 마신 남편으로부터 폭

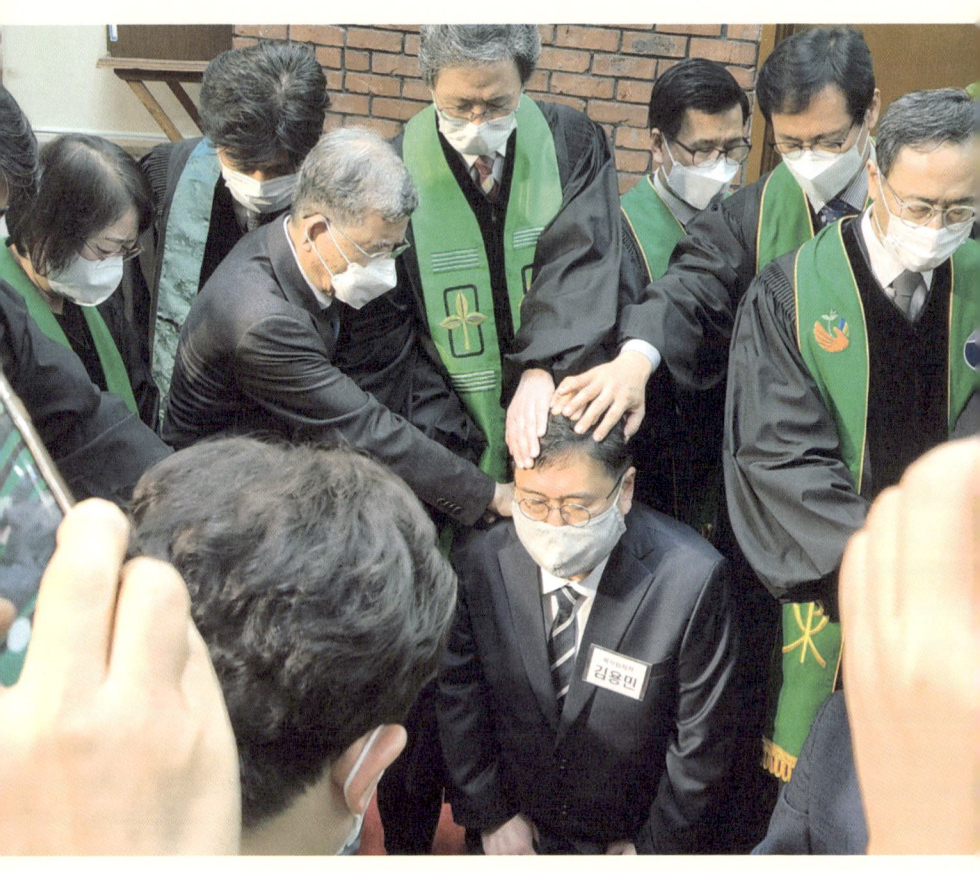

아들 김용민 목사 임직. 2022년 11월 24일. 서울 송암교회.

행도 당했고, 자식도 엇나갔다. 엄마는 이 교우의 집을 수시로 찾아가 기도와 위로로 함께하셨다. 손찌검한 남편을 대면하시고는 죽비를 내리치듯 혼을 내셨다. 자녀에게는 일대일 매칭 지도와 훈계로 바른길 옳은 길로 이끌었고 결국 사회적으로 성공한 삶에 이르도록 도우셨다. 이 교우는 서럽게 우시면서 엄마가 없었다면 자신이 어찌 됐을지 모른다고 하셨다.

이분 말고도 최재희 권사로 인해 달라진 인생을 고백하는 이들이 우리 유족의 손을 붙잡고 간증했다. 빈소의 시간은 그렇게 시계와 다르게 흐르고 있었다. 2000년 전 갈릴리는 예수가 있었을 당시 이스라엘의 변방이자, 마이너리티의 집성촌이었다. 곡창지대가 있는 탓에 수탈과 압제가 당연했다. 그래서 갈릴리는 고개만 돌리면 버림받은 사람들, 가난한 사람, 그리고 환자 천지였다. 이곳에서 예수는 공생애 대부분을 보내며 민중과 함께했다. 밤낮을 가리지 않고 누비던 사근동 달동네 엄마의 삶은, 갈릴리 예수의 노력과 관심과 열정을 가르치는 산 교과서가 됐다.

다시 1월 20일 아침. 사망진단을 받은 엄마는 얼굴이 천으로 덮였다. 엄마의 몸을 실은 이동식 침대는 응급실 옆 컨테이너 임시 건물에 와 있었다. 한양대 서울병원 장례식장으로 옮기기 위해 구급차가 도착했다. 누워계신 침대에서 응급차 들것으로 옮겨야 하는데 운전기사가 힘들어한다. 잘 움직이지 않는다는 것이다. 나는 식어가는 엄마의 몸을 끌어안고 말했다. "엄마, 사근동 달동네로 어서 가요. 엄마의 갈릴리로 가야지요."

## 인사말씀

감사합니다. 얼마 전 어머니의 건강한 모습을 보여드리며 완연한 회복을 알려드렸는데 하나님이 명절 연휴 전날 데리고 가셨습니다. 어제 화장하고 유골을 선산에 모셨습니다. 그러나 글을 올리는 지금도 어머니가 곁에 없다는 것이 실감 나지 않습니다. 기독교인은 삶과 죽음의 경계를 지운 운명, 즉 하늘의 뜻이 땅에서 실현되고, 땅에서 육신의 생명이 멈춰도 하늘에서 그 혼과 영이 부활해 사는 생, 그래서 늘 희망이 생동하고 불의에 저항하다가 불이익, 심지어 죽임을 당해도 즐겁고 그렇게 해서 기회주의에 맞서는 삶을 추구하게 되지요. 슬픔이 밀려올 때면 어머니를 하나님 나라에서 다시 만날 그 소망으로 이겨내려고 합니다.

제 개인이 따로 부고를 하지 않은 것은, 평소 조용한 장례를 추구했던 상황에서, 마침 설 연휴 바쁘실 시기에 소천 받으신 터라, 여러 지인께 폐를 끼치고 싶지 않았기 때문입니다. 아내에게도 신신당부했습니다. 그런데도 사정을 알고 원근 각지에서 장례식장에까지 발길을 이어주시고 조의금, 조화, 조기로써 위로, 격려해주신 모든 분에게 머리 숙여 감사드립니다. 따로 알리지 않아 이 글로써 처음 아신 분들께도 죄송하다는 말씀을 드립니다. 어머니가 가장 행복해하실 때 눈 감으셨음을 고합니다. 평소 어머니가 좋아하신 성경 구절을 남기며 인사를 갈음하겠습니다. 수시로 밀려오는 무력감을 이기고 이웃과 세상을 섬기신 어머니의 좌우명 같은 말씀입니다. 저도 이 말씀을 붙들고 살겠습니다.

"오직 여호와를 앙망하는 자는 새 힘을 얻으리니
독수리의 날개 치며 올라감 같을 것이요
달음박질하여도 곤비치 아니하겠고
걸어가도 피곤치 아니하리로다."
(이사야 40:31)

# 엄마 잘 가요

김지연

엄마가 2023년 1월 20일 금요일 아침, 75세 나이로 돌아가셨다. 새벽 6시 40분에 심정지가 왔고, 9시 40분에 육신의 눈을 감으셨다. 내가 첫째라서 '지연이 엄마'로 불리셨던 분이 내가 도착할 때까지 못 기다리시고, 동생 용민이가 올 때까지 기다렸다가 돌아가셨다. 막내 용범은 일본으로 출장 갔다가 항공편을 잡는 중이었다. 상대적으로 모범적이었던 나와 용범이에 비해 용민이는 손이 많이 갔다는데, 그 아들의 축도를 받고 하나님 품으로 영원히 가셨다.

육신으로 낳은 자식은 셋이었지만 장례식장에는 엄마를 어머니처럼 여기는 분들이 차고 넘쳤다. 어릴 때, 교회에서 뵈었던 한 분은 자정 넘어 오셔서 통곡을 하셨고 예수를 떠난 자신을 엄마 앞에 보이길 힘들어하셨다. 그분 생각이 떠나질 않는다.

1972년,
강원도 춘천 본가에서
딸 김지연과 함께

    사람 가리지 않고 늘 과다하게 베풀던 엄마는 제지하는 아빠와 나를 보고 사랑도 믿음도 없는 쪼잔한 사람으로 취급했다. 엄마의 레이더에 잡힌 사람은 그 과도한 사랑에 항복할 수밖에 없었는데, 천국으로 간 엄마가 날 떠나질 않고 맴돌며 문상 온 분들 얼굴을 각인시킨다. 그걸 넘어 이 세상에서 예수사랑 모르는 분들 없도록 살피라고 부른다. 엄마 죽고 나니 내 안에 이렇게 큰 눈물샘이 있는 줄 처음 알았다.

    엄마, 하늘나라 가서 하나님께 온갖 사람 도와달라고 귀찮게 굴고 계시죠? 정말 너무 사랑하고 보고 싶어요.

# 백일기념집 이야기

31세 김태복 목사가
백일 된 딸에게 보내는 편지에 관해

김지연

엄마의 죽음 이후, 아버지는 온 힘을 다하여 53년의 결혼 생활을 애도하셨고, 40년의 목회 여정을 정리하신다. 아버지는 대놓고 애정 표현을 하는 분은 아니셔도 난 '아빠'의 보이지 않는 사랑에 목말라 하지 않았다. 그러던 내가 대학생이 되어서는 아버지를 경시하기 시작했고, 나의 지성과 정의에 대한 목마름을 집이 아닌 곳에서 찾아 헤맸다. 급기야는 종로에 첫 시위를 나가며 부모님께 혁명가처럼 작별 인사를 하고 나섰다. 물론 종로의 첫 번째 최루탄에 혼비백산하여 패잔병처럼 숨어들어온 내 책상에는 '백일기념집, 1971'이라는 아버지의 두꺼운 친필 서신이 놓여있었다. '사진 한 장은커녕 김칫거리 하나 백일 상에 차려줄 수 없는 가난한 아빠와 엄마는, 급변하는 세계정세에 휩쓸린 조그마한 나라에서 야단스럽 잘 살기보다는 차라리 가난한 백일 상을 선택한 걸 딸이 이해하고 자랑스러워할 것'이라는 진심이 담겨있었다. 그걸 다 읽은 스무 살 딸은 그 서신을 가슴에 훈장처럼 품고 그리스도께 돌아왔다. 물론 그 후에도 입에 가시가 돋은 것처럼 부모님께 훈장질하며, 귀하신 분들 가슴에 못질해댄 일은 헤아릴 수도 없다. 이제 20년 만에 영국에서 돌아와 한국 공동체 개척 생활을 하며 탈탈 바닥을 치고 있는 지금, 팔순을 넘기신 아버지는 '내가 너처럼 오십 대라면 보일러 기사 자격증이라도 따겠다! 아직 한창 일할 때가 아니냐?'라며 다독거리신다. 이제 홀로 되신 아버지는 마치 그동안 저장해 놓은 사랑 보따리를 하늘나라 엄마 몫까지 힘을 다해 매 순간 풀어 놓으신다. 우리 부족한 삼 남매가 하는 일이 세상에서 가장 훌륭한 일이기라도 한 것처럼 칭찬하고, 감탄하고, 엄지척을 힘껏 올리신다. 그 사랑은 마치 하나님 아버지가 주신 만나처럼 퍽퍽한 삼 남매 삶을 말랑말랑하게 적신다. 은퇴하신 이후에도 매일 밤 9시면 기도하는 늙은 아버지 곁에 이제는 머리가 희끗희끗한 딸은 가난한 백일 상 앞에 선 것처럼 눈물로 두 손을 든다. "주여, 생 전체를 당신께 맡기오니 밝은 날 속이나 어두움 속에서나 언제나 인도하옵소서!"

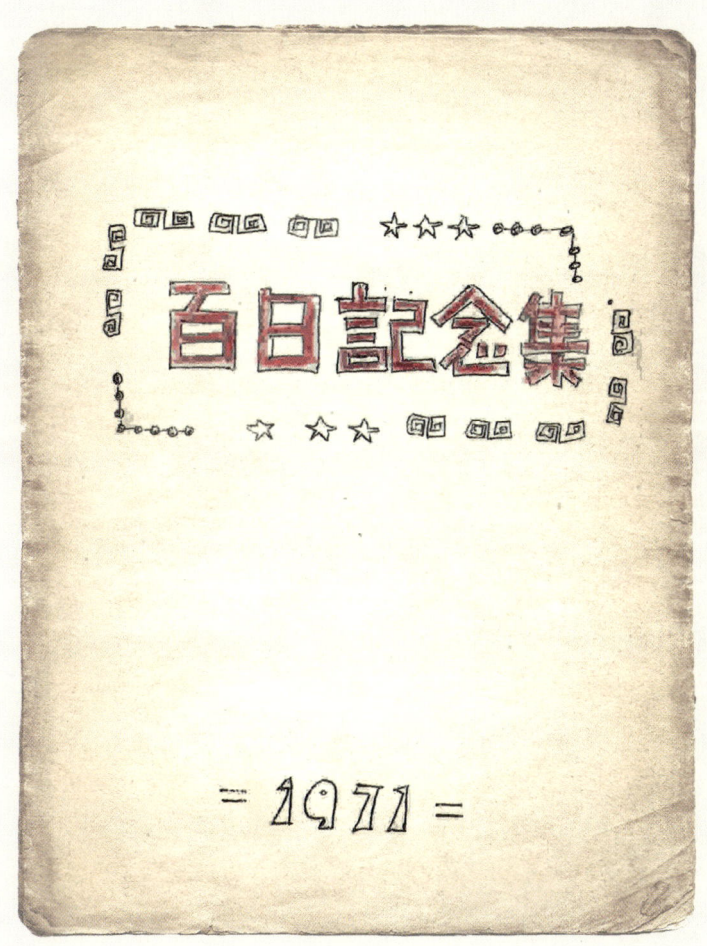

"""" 우리의 귀여움둥이
지현이 백일날에 """"
(9. 16)

□

귀염둥이 지연아!

네 百日되는 아침에
아빠는, 젊은 아빠는
쓸쓸하게 창밖을 내다보고 있었다.

여명이 터오는 높은 준령에서
뿜어오는 가을냄새 탓이 아니다.
또한 밤새 울어대고도 못다한 설음을
새벽까지 연장시키고 있는
가을벌레의 소리탓도 아니다.

네 百日아침에
흰떡조차 못해주는 가난한 아빠,
아니 그보다도
장난감조차, 네가 무엇이나 쥐어보려는
고사리 같은 손에 쥐어 주지 못하는
가난한 아빠의 모습이

쓸쓸하게 하는가 보다.

다른 집 애기들은 온통 첫아이 백일날에
야단스럽단다. 사망률이 가장 높은 때를
무사히 넘겼다는 축하를 하기위해 먼곳,가까운곳
친척들이 몰려오고 음식과 목거지라 장난감으로
아기는 호사하는 풍습이란다.
이날 흰 쌀가루로 백무리를 하여
일가와 이웃간에 나누어 먹는단다.

그런데도
아빠는 네게 백일사진도 못 찍어주다니‥.
가슴깊이
무너지는 듯한 느낌이 드는건
어른스럽지 못한가 부다.

그러나  너를 낳고, 너를 키우기에 온종일
심력을 쏟는 엄마야 오죽한가 하는 생각은
아빠의 가슴을 더 적시게 한다.

가난한 아빠야.

네가 그렇게 귀여워 잠시도 떠날수 없다는
엄마는 마음 같아서는 떠들석하게 잔치상을
벌리고 싶은 것이 상정일 것이언만.

지연아!
약하게도 오늘따라 김치거리마져 없으니
얼마나 쓸쓸 하겠느냐?

지연아!
그리고 엄마야.
아이 엠 쏘리.

2

그러나 지연아, 아버지는 약하지 않다는것을
보여주고 싶다. 네게 사진을 큼지막하게
찍어주지 못할 망정, 네가 즐겨라고 다니는
완구를 네 잔치상 옆에 세워 놓지 못할 망정,
그리고 엄마가 네 자라나는 귀여운 모습을
찍어둘 사진기를 갖고싶어 하는 소원을

이룩히 죽지 못하는 못난 아빠이지만,
아빠는 약하지 않다는 것을 보여 주고싶다.
네게 진정 보여주고 싶은것은
네가 눈이 자라고 귀가 자라고 사고가 자란 때에
지성미가 넘친 눈망울 지닌
대학생이 되어 있을 때,

네가 보는 아버지의 모습은
이 엎어진 강토를 향해 간디처럼 외치며,
목숨을 다해 불의와 항거하는 투사여야 하며,
반면 엄마와 너와 같이 조용히 벤취에 앉아
문학을 이야기하고, 네 인생문제를 나누며,
음악을 깊이깊이 이해하는 따스한 아버지여야하며
그리고 저 밤박받는 자들, 넘어진 자들을
찾아 눈물과 땀을 가지고 헤메는 목양자여야
할 것이다.

때때로 너는 아빠와 산책할것이다.
여행할 것이다. 밤깊이 서재에서

토론할 것이다.

가을이 풍요한
산 위로 등산도 할 것이다.

그 때 네눈에 보여진 아빠가
졸렬하고, 비겁하며 나약한 아비로 보인다면
그것은 너의 수치며 부끄러움일게다.

아빠는 네가 자라가며
이글을 읽어가기를 바라면서
기념으로 쓰는 것이다.

자랑스러운 아빠가 되어 보이어야지.
지금은 고사리같은 네손에 듬직한 왼수는
붓쥐어 줄지라도 말이야.

지연아!
지금은 버둥거리고 벙긋벙긋 웃어대는
귀염둥이지만 네 얼굴과 눈동자속에는
어른이 있고. 어른의 노래가, 의지가
자라고 있다.

[3]

너의 일생의 모든 날들위에
눈송이가 나리 듯이
축복의 눈송이가 소복소복 나릴것을
아빠와 엄마는 오늘아침에 기도했다.

세상은
풍랑이 심하다. 소낙비가 억척같이 쏟아지는 밤을
걸어야 할 때도 있다. 전폭기가 포악스러히
하늘을 찢고 땅을 찢고 심장을 찢는 전쟁도 있으며,
만나고 헤어지는 쓰라린 고통이 스며 있는
세상이다.

이 세상속에 너를 세워두려는 아빠, 엄마는
네가 아름답고 고결하게 살아가기를
바라고 있다만, 얼마나 그것은 힘에겨운 일인지.
얼마나 그것은 조바심이 앞서는 일인지.

그러나
지연아!

이것만은 꼭 일러두고 싶다.
그럼에도,
삶이 이처럼 끝까지 속일지라도
하나님이 함께하시면 두려울 것이 없다는 것을.

가난한 아빠.
지금은 쓸쓸한 아빠지만.
이렇게 풍부하고, 풍요롭고, 힘찰 수 있는 것은,
비록 김치거리없는 아침상일망정
그것이 오히려 증시를 느끼게 하는 것은

우리는
하나님과 민족을 위해 이 고생을
겪으왔다는 때문이다.

지금 이 백성은 고통을 겪고왔다.
세계의 급변하는 정세는 이 조그마한 나라의
가슴을 조이게 하는 때에 놓여있다.

이때에
아단스럽게 잘살고 있는 것을
내세우고 배를 내미는 것은
어리석은 자의 짓이라면,

지연아!
논리에 안맞는 역설 같지만

아빠와 엄마는
하나님와 민중앞에
떳떳하다단다.

그래,
지연아!
너도 자라가면서
유치원생이되고.
피아노를 배우기 시작하고
랜도셀을 메고 뛰는 국민학생이되고
합창부에 끼이 있는 중학생.
사색에 잠긴 고등학생.
활동을 한다고 분주한 대학생 으로

자라가면서
네가 지금 형빈 백일상을 볼 때에
얼마나 자랑스러운 것이
오히려 되았던 것인지!
얼마나 자랑스런
젊은날의 아빠, 엄마였는가를
알게 될것이다.

줄여!
당신의 딸 지연이더
생전체는 당신께 맡기더니
밝은낯 속이나
어두움 속에서나
언제나 인도하옵소서.

### 백일기념집

귀염둥이 지연아
네 백일 되는 아침에 아빠는, 젊은 아빠는 쓸쓸하게 창밖을 내다보고 있었다.
여명이 터오는 높은 준령에서 뿜어오는 가을 냄새 탓이 아니다. 또한 밤새 울어대고는 못다 한 설움을 새벽까지 연장하고 있는 가을벌레의 소리 탓도 아니다. 네 백일 아침에 흰 떡조차 못 해주는 가난한 아빠, 아니 그보다도 네가 무엇이나 쥐어보려는 그 고사리 같은 손에 장난감조차 쥐여주지 못하는 못난 자신이 쓸쓸하게 느껴지는가 보다. 다른 집 아기들은 온통 첫 아이 백일에 야단스럽단다. 사망률이 가장 높을 때를 무사히 넘겼다는 축하를 하기 위해 먼 곳, 가까운 곳의 친척들이 몰려오고 음식과 옷가지와 장난감으로 호사하는 풍습으로 야단이란다.
그런데도 아빠는 백일사진도 못 찍어 주다니. 그러니 너를 낳고 너를 키우기 위해 심력을 다한 엄마야 오죽하겠는가 하는 생각은 아빠의 가슴을 더 적시게 한단다. 엄마의 성격대로 한다면 뻑적지근 상을 벌이고 온 교인들과 친척과 이웃을 모으고 잔치를 벌이고 싶을 것이다. 그러나 딱하게도 오늘따라 농촌임에도 불구하고 김칫거리마저 없으니 엄마에게 아빠는 큰 죄인이 되었구나!
그러나 지연아,
아빠는 약하지 않다는 것을 보여주고 싶단다. 네게 사진을 큼직하게 찍어 주지 못할망정, 네가 즐겨 타고 다니는 완구를 네 잔칫상 옆에 놓아주지 못할망정 그리고 엄마가 네 자라나는 귀여운 모습을 찍어둘 사진기를 갖고 싶어 하는 소원을 이루어 주지 못하는 아빠지만, 네게 진정 보여주고 싶은 것은 자랑스러운 아빠의 모습이란다.

  네가 자라가면서 유치원생이 되어 피아노를 배우기 시작하고, 랜도셀을 메고 뛰는 국민학생이 되고, 합창부에 끼어있는 중학생, 사색에 잠긴 고등학생, 그리고 어느 날 지성미가 넘친 대학생이 되었을 때, 네 눈에 뵈진 아빠의 모습이 졸렬하고 비겁하며 불의 앞에 나약하게 보인다면 그것은 너의 수치이며 부끄러움일 것이다. 그러나 지금 아빠와 엄마가 하나님 앞과 조국 앞에 떳떳한 것처럼, 그 날에는 더 자랑스러운 아빠를 보여주는 것이 최상의 선물이 될 것이다. 주여, 당신의 딸 지연이의 생 전체를 주님께 맡기오니 밝은 날이나어둠 속에서나 언제나 인도하옵소서.

1971년 9월

## 홀로 사는 연습

3월 11일, 아내의 묘비를 세움으로써 모든 장례 절차를 마쳤다. 겨우내 땅이 얼어 묘비를 세우지 못하다가 날 풀린 뒤에야 끝낸 것이다. 소천한 1월 20일부터 날짜를 세보니 50일이었다. 숫자를 세면서 내심 49일이 아니기를 바랐다. 불교의 내세관에서는 사람이 죽어 다음 생을 받을 때까지의 49일을 중음(中陰)이라 하는데, 이 기간에 다음 생이 결정된다고 믿고 죽은 자가 좋은 내세로 갈 수 있도록 불공을 드리는 의식이 49재(齋)다. 목사의 아내에게는 아무래도 50일, 즉 오순절이 제격이었다.

무엇보다도 바쁜 자녀들이 모두 참여했다. 춘천 사는 동생이 모든 작업을 주관하고, 목사인 매제가 예배를 담당했다. 흐뭇한 마음이었다. 장기 입원할 당시 아내는 자신 덕에 우리 자녀들이 영육 간에 하나가 된 것 같다고 기분 좋아했었다. 이제부터 나는 혼자 사는 연습을 해야 한다. 큰 어려움은 없으리라 생각했다.

평소 세무 및 은행 업무 등 제반 업무를 내가 도맡다시피 했을 뿐 아니라 두 달간 가정부 일도 거의 홀로 감당해왔다. 만약 아내가 모든 살림을 도맡다 훌쩍 떠났다면, 반대로 내가 먼저 떠나고 아내 혼자 남았다면 얼마나 황망했을까 생각한다.

그런데 늘 기거하던 안방에, 주변 노인 목사들을 섬긴다며 부지런히 요리하던 주방에, 불편한 몸으로도 청결함을 유지하기 위해 청소하던 화장실에, 아내가 있는 듯했다. 혼자 차를 몰고 읍내 거리를 오갈 때, 가까운 병원을 지날 때도 그랬다. 오늘같이 묘비를 세우기 위해 춘천 가는 길에서는 가평휴게소에 들러 묘비 작업을 위해 수고하는 손길을 위해 이것저것 사라고 하는 아내가 느껴졌다.

사실, 은퇴 후 아내가 집안 살림을 대부분 주관했다. 덕소로 이사와 아파트에 입주할 때, 아내는 혼수품 장만하듯 많은 가구와 물품을 구입했다. 40여 년 전 시집올 때 혼수품을 제대로 못해온 것에 대한 한풀이 같았다. 너무 과하게 구입한다고 핀잔을 주는 나와 말다툼이 벌어지기도 했다. 그때 아내는 이렇게 일침을 놓았다. "지금까지 40년 목회하는 동안 당신 뜻대로 했다면 은퇴한 이후부터의 가정 살림은 내게 맡기세요." 그때부터 나는 집안일에 거의 간섭하지 않았다. 그러다 보니 집안일은 일일이 아내에게 묻는 것이 일상화됐다. 그러다 혼자 남으니 중요한 일을 결정할 때 어찌할지 난감했다.

그러나 아내는 지금 모든 고통으로부터 벗어나 가장 행복한 시간을 보내고 있을 것이다. 그렇게 생각하면 마음이 평안해진다. 종종 뉴스에서 일부 요양원의 횡포를 접하면 특히 그렇다. 통제를 쉽게 하려고 환자를 묶어두거나 수면유도제로 재워 병을 악화시킨다는 소식이었다. 기자는 '그런 곳은 수용소와 같아 죽어야 빠져나올 수 있다'라고도 했다. 이미 아내가 중환자실이나 처치실에서 겪었던 고통스런 경험과 크게 다르지 않은 것이었다. 아내는 가래를 뽑기 위해 목관을 뚫고 두 달 동안 콧줄로 죽을 흡입해야 했다. 환자가 무의식적으로 콧줄을 뺄 수 있어 침상에 양팔을 묶었던 모양이다. 유난히 자존심이 강했는데 이를 어떻게 견뎠을지. 양손 묶인 채 몇 주간 지낸 일을 회상하던 아내는 다시는 그런 끔찍한 일들을 겪고 싶지 않다고 몇 번이나 내게 말했다.

그래서 아내는 2023년 3월부터 항암치료가 재개될 가능성에 조마조마했다. 악화될 경우 요양원에 입원해야만 했을 것이다. 그런 의미에서 하나님이 아내를 훌쩍 데려가셨으니 이 모든 고통으로부터 피할 길을 여셨다고 우리 식구는 스스로 위로하고 있다.

## "님은 가고 없어도 잘도 피었네"

요즘은 거의 매일같이 산책을 나간다. 아내가 몸 아팠을 때 나는 물론이거니와 자녀들이 몹시 걱정하는 것을 보면서 '내 건강을 지키는 것이 자녀들을 위한 길이기도 하다'는 깨달음을 얻었기 때문이다. 그래서 오후 2~3시가 되면 아파트 아래 위치한 한강 변을 30분 정도 산책하고 돌아오곤 한다. 그냥 혼자 걷기 멋쩍어서 귀에 블루투스 이어폰을 끼고 스마트폰으로 음악을 들으며 산책하면 나름 의미 깊은 시간이 된다.

하루는 한국 가곡을 듣는데 이흥렬 작사, 작곡의 '바위고개'가 흘러나왔다. 그 순간 가사가 마음을 뭉클하게 만들었다. "바위고개 핀 꽃 진달래꽃은 우리 님이 즐겨 즐겨 꺾어주던 꽃, 님은 가고 없어도 잘도 피었네." 하필이면 그 노래를 듣던 장소가 아파트로 올라오는 돌계단이었다. 이곳은 아내가 건강할 때 함께 산책하고 돌아오던 중간에 쉬던 곳인데 주변에 마침 진달래꽃

이 만개하고 있었다.

  아내는 가고 없는데 여전히 그 꽃들은 피어 있다고 생각하니 마음이 뭉클할 수밖에 없었다. 요즘 '세월이 약이다'라는 말이 실감이 난다. 아내가 갑자기 떠나고 나서 한두 달은 무거운 큰 짐을 벗은 것같이 홀가분했다. 사실, 2022년 2월말 아내가 폐암 판정을 받은 후 항암치료 과정에서 너무나 힘든 시간을 보내야 했다. 4월에는 어지럼증으로 주방에서 넘어져 오른손 골절로 깁스를 하는 등 큰 불편을 겪었다. 그리고 6월에는 열한 차례나 병원에 가며 후유증으로 고생하더니 결국 7월 초에는 혼수상태로 응급실에 실려가 폐렴 판정을 받고는 중환자실에 입원했다. 중

환자실 28일, 처치실 19일, 일반병실 30일의 시간을 보냈다.

그렇게 거의 80일을 입원한 아내가 9월 27일 퇴원했다. 침상에서 스스로 일어나지 못할 정도로 쇠약해져 있던 터여서 24시간 돌볼 간병인을 둬야 했다. 그러나 한 달 수백만 원 드는 간병비는 감당하기 힘들었다. 그래서 11월 15일부터 내가 직접 간병인 및 가정부 역할을 했다. 거의 두 달, 아침부터 한밤중까지 종종걸음 치며 환자를 돌봐야 했다.

이듬해 설 명절을 앞두고 아내가 갑자기 떠나고 나니 한두 달은 숨통이 트인 것처럼 느껴졌다. 그러나 100일이 가까워지면서 아프던 모습은 점점 희미해지고 과거 건강했을 때의 기억이 오버랩됐다. 3월까지는 승용차에 오르면 언제나 고통을 참으며 신음하던 아내가 옆에 타고 있는 것처럼 느껴졌다. 서울아산병원으로 가 지하주차장에서 휠체어 태우고 진료실에 찾아가야 될 것 같았다. '세월은 약'이라고 했던가?

## 삶과 죽음의 경계선에서

　전날 밤만 해도 아내와 웃으며 대화했는데 이렇게 갑자기 떠날 수 있다니, 그때 죽음이 바로 옆에 있었다는 말인가? 오늘도 산책하며 두 명의 노인을 만났다. 부인에게 부축받으며 절룩거리며 걷는 80대 남자 노인과 보행기를 힘들게 끌고 가는 여자 노인을 보았다. 그들에게서 삶과 죽음이 동행하는 것을 목격했다.

　아내가 휴거하듯 급히 떠난 지 100여 일이 돼 간다. 지금 나는 삶과 죽음의 경계선에 서 있는 기분이다. 며칠 전까지 밤마다 '병원에 데려가 달라'며 보채던 아내가 화장터에서 한 줌의 재로 변하고 선산의 한 평도 안 되는 땅에 묻히는 것을 보고, 거의 한 달 동안 쓰던 의류품이나 물품들, 가구들, 휠체어와 보행기, 의료용품을 딸네 공동체 등 필요한 이들에게 보내고 텅 빈 자리를 보니 너무나 허망했다.

　50년 동안 동고동락하던 아내가 많은 유품과 함께 사라지다 보니 나의 반도 없어지는 것 같았다. 아직 대형 그릇가게에서 고

집피우며 샀던 고가의 쟁반, 접시들이 주방 찬장에, 몇 년 동안 인터넷과 유튜브를 통해 요리 강습에 취미를 붙이면서 백화점에서 사온 고급 요리 재료가 냉장고에 남아있다. 이마저 버린다면 허전함은 더할 것이다.

누구나 삶과 죽음의 경계에 서 있음에도 여전히 욕망에 갇혀 사는 이들이 있다. 자기 돈 벌어주는 노동자에게 박봉의 월급을 주면서 100세까지 장수하겠다고 온갖 비싼 보약들을 챙겨 먹는 자본가들, 특히 서민의 피 같은 돈을 전세 사기로 가로채는 등 재산 축적에 혈안이 되어 있는 졸부들, 출세를 위해 정의를 헌신짝처럼 내버리는 정치인들의 수가 줄어들 기미가 보이지 않고 있으니 비감에 젖게 된다.

어느 날 호텔에서 음식을 먹으며 '이 음식은 아내가 좋아하던 요리인데, 아쉽네'라는 생각이 들었다. 그러다가 '이 믿음이 없는 사람아, 네가 목사가 맞는가? 그 사람은 지금 눈물이나 아픔, 고통이나 죽음도 없는 저 좋은 낙원에서 매일 화려한 경치를 보며 생명과일과 최고의 음식을 먹고 있지 않은가?'라는 마음의 소리가 들리면서 얼굴을 붉힌 적이 있었다. 죽으면 한 줌의 재만 남을 것을. 만약 아내가 눈물도, 아픔도, 죽음도 없는 천국에 가 있다는 사실이 없다면 이처럼 허무한 일이 어디 있겠는가? 하지만 장례를 치른 후 100일이 되어감에도 삶과 죽음의 경계선에서 여전히 벗어나지 못하고 있다. 밤에 기도할 때마다 천국에서 아내가 함께 기도한다는 느낌을 강하게 받는다.

내가 목회하면서 장례식 때 수도 없이 전하던 말씀을 후임자 목사를 통해 들으며 가슴에 깊이 박히는 것을 느꼈다. 성남 화장터로 장례버스를 타고 가며 홍익교회 장례위원들이 부르는 "요단강 건너가 만나리"라는 찬송을 듣는다. 찬송 중에 강 저편에 아내가 서있는 모습이 보였다. 솟구치는 눈물을 주체하지 못했다.

"며칠 후 며칠 후 요단강 건너가 만나리" "저 건너편 강 언덕에 아름다운 낙원 있네" "저 요단강 가 섰는데 내 친구 건너가네" "내 본향 가는 길 보이도다" "이곳과 저곳 멀잖다. 주 예수 건너오셔서 내 손 잡고 가는 것 내 평생소원이로다" "하늘 가는 밝은 길이 내 앞에 있으니" "하룻길 되는 내 본향" "만나 보자 만나 보자 그날 아침 그곳에서 만나자" 앞서간 신앙인들이 삶과 죽음의 경계선에 서보았기에 위와 같은 위대한 찬송 시(詩)를 쓸 수 있지 않았을까 싶다.

장례 찬송을 부를 때마다 천국 가는 길을 왜 '요단강 건너가는 것'으로 묘사했을까 궁금했다. 성지순례 때 요단강을 가보고는 청계천과 별 다름없이 작아 놀랐다. 그렇다. 삶과 죽음의 거리도 요단강처럼 가깝다. 아내를 떠나보내면서 삶과 죽음의 거리가 요단강 폭만큼 가깝다는 사실을 깨달았다.

그렇다면 이 경계선에서 어떤 결심을 해야 하는가? 삼층천(三層天)을 경험한 사도 바울은 "우리가 담대하여 원하는 바는 차라리 몸을 떠나 주와 함께 거하는 것이라 그런즉 우리는 몸으로 있든지 떠나든지 주를 기쁘시게 하는 자 되기를 원하노라"라고

아내 묘비 앞에서

외쳤다. 이 말씀에 정답이 있다. 우리가 몸을 갖고 사는 동안 받은 달란트를 잘 감당하고 내 주변에서 고통받고 있는 주린 자, 목마른 자, 헐벗은 자, 병든 자, 나그네 된 자, 갇힌 자들을 사랑으로 돌보는 것이 주를 기쁘게 하는 일이 아니겠는가?

"주여, 남은 세월 노욕으로 낭비하지 않게 하시고 사회적인 약자들을, 또한 노년에 힘들어하는 은퇴 목회자들을 돌보는 삶을 살게 하옵소서. 특히 목회하는 큰아들, 선교방송 하는 작은아들, 초대교회와 같은 공동체를 설립하고 있는 딸과 사위를 위해 날마다 기도의 손을 높이 들게 하옵소서. 그러므로 주 앞에 설 때에 부끄럽지 않게 하시고 앞서간 성도와 아내를 반갑게 만날 수 있게 남은 생을 붙들어 주옵소서."

에필로그

# 결실 있는 인생의 길

아버지인 김태복 목사는 모든 일에서 하나님의 선하신 뜻을 헤아리는 삶이었다고 요약할 수 있습니다. 이 책은 그런 의미에서 하나님의 섭리가 빈틈이나 오류, 왜곡이 없다는 점을 확신하는 인생에 어떤 아름다운 결실이 있는지를 증명하는 것이라 하겠습니다.

김 목사는 기도로 하나님과 교통했습니다. 그는 주일을 앞둔 금요일, 산에 올라가 기도할 때가 가장 행복하다고 했습니다.

김 목사는 낮은 곳에 임했습니다. 그가 목회한 곳에는 가난하고 병든 이들이 문턱을 못 느꼈습니다.

김 목사는 자신을 앞세우지 않았습니다. 그 흔한 가짜학위에 눈독 들이지 않고, 교회 정치에 관심을 두지 않으며, 노회장 등 자리도 남이 다한 다음 마지막에 맡았습니다.

김 목사는 너그러운 삶을 살았습니다. 그 자신에게는 엄격했지만, 부교역자나 직원 그리고 교인도 감싸주고 덮어줬습니다.

　김 목사는 항상 하나님의 뜻을 헤아리며 살았습니다. 이런저런 풍파 속에서도 주님의 선한 뜻을 의심하지 않고 합력하여 선을 이루는 내일을 생각해왔습니다.

　이게 중요합니다. 그분의 선한 뜻을 의심하지 않는 것. 만약 김 목사 생애에 이런 믿음이 없었다면 욕망에 지배당하는 삶을 살았을 것입니다. 대학 도서관에서 허접한 철학에 동화돼 염세주의의 늪에서 길을 잃게 되거나, 가난한 도시에서 보낸 암울한 청춘을 보상받기 위해 출세와 번영의 길을 추구하다 타락하게 되거나, 혹은 권력자의 편에 서서 곡학아세하는 삶을 살다 그 자신이 정치적 폐인이 됐을지 모릅니다.

　그러나 하나님은 비참한 아골의 골짜기로 이끌어가시되, 기도하게 하고, 긍지를 주며, 선한 계획을 일깨워줬습니다. 그러니 40년 목회 기간 내내 복음성가 가사처럼 "욕심도 없이 어두운 세상 비추어 남을 위해 살 수" 있는 삶을 살 수 있었습니다.

　김 목사의 글을 받아 두어 달 원고를 여러분이 읽기 편하고 저자의 뜻이 정확하게 전달될 수 있도록 윤문해왔습니다. 이 과정에서 태어날 때부터 '목사 가정'의 일원으로서 살아온 나의 근원을 알게 됐고, 나아가 어떤 길이 목사로서 열매 맺는 삶인지 알게 됐습니다.

물론 김 목사 시대의 목회와 지금이 같을 수 없겠지요. 지금은 어디 가서 자랑스럽게 신분을 이야기하기 힘들 만큼 목사는 권위를 잃었습니다. 그러나 여전히 소명은 남아 있다고 생각합니다. "가난한 자에게 아름다운 소식을 전하"고, "마음이 상한 자를 고치며 포로가 된 자에게 자유를, 갇힌 자에게 놓임을 선포"하는(이사야서 61장 1절) 일이 그렇습니다. 즉 낮은 이들 곁으로 돌아가는 것입니다.

자녀 김지연·오정환과 김용민·정현주, 김용범 등은 아버지 김 목사의 목회적 진정성에 얼마나 닮은 삶을 살 수 있을지 모르겠습니다. 그러나 부족하면 그 모습 그대로 하나님 나라의 작은 모형이 되고자 노력하겠습니다. 이 책을 접하신 모든 분께 은혜와 사랑이 넘치시길 기원합니다.

딸, 아들, 며느리, 사위 대표해<br/>김용민